PARENTS SÉPARÉS ET ÉPANOUIS

POUR UNE FAMILLE HEUREUSE

B-1160 Bruxelles (Belgique)
www.editionsmardaga.com

Coordination éditoriale : Delphine Livet et Marie d'Otreppe
Illustration et design de couverture : Valérie Detemmerman
Maquette intérieure : Carine Thurion – CW Design

Dépôt légal : 2024/0024/21
ISBN papier : 9782804734992
ISBN numérique : 9782804735005

Achevé d'imprimer en juin 2024
sur les presses de l'imprimerie L&C Printing Group en Pologne

MARIE COSTA

PARENTS SÉPARÉS ET ÉPANOUIS

POUR UNE FAMILLE HEUREUSE

CHEMINER VERS UNE COPARENTALITÉ SEREINE

MARDAGA

Dans la même collection

Sommaire

Chaque chapitre propose plusieurs encarts :

- Témoignage des parents
- Bon à savoir (encart explicatif accompagné de méthodes)
- Outils pratiques « pas à pas » avec tutos
- Tests ou exercices
- À retenir

Introduction

Parent solo et heureux : c'est possible !

« Il était une fois, deux parents qui se séparent... »

Vous n'ouvrez certainement pas ce livre par hasard... Peut-être faites-vous ou ferez-vous bientôt partie de ces statistiques annonçant qu'un couple sur deux se sépare !

Alors entrons tout de suite dans le vif du sujet. Parmi les propositions suivantes, cochez celles qui vous correspondent :

- ☐ Vous avez décidé de vous séparer mais vous réfléchissez encore à la prochaine organisation : deux maisons, deux modes d'éducation, deux emplois du temps...
- ☐ Vous ne savez pas comment faire l'annonce à vos enfants.
- ☐ Vous ne gérez pas vraiment toutes vos émotions face à cette nouvelle situation : vous alternez entre doutes, craintes, peine et colère.
- ☐ Vous craignez de vivre ces journées qui passent à toute vitesse, pendant lesquelles vous allez assumer seul·e la pression du travail, des trajets, de l'école, les courses, le ménage.
- ☐ Vous n'êtes pas à l'aise à l'idée de devoir revoir votre ex pour lui parler des enfants.
- ☐ Pourtant vous aimeriez cheminer vers une coparentalité sereine.
- ☐ Bref, vous aimeriez être un parent séparé et épanoui.

Si vous avez coché une ou plusieurs cases : ce livre est pour vous !

Sur un ton résolument optimiste, vous allez découvrir une multitude de conseils pratiques et faciles à mettre en place pour mieux gérer votre quotidien de parent solo, pour trouver de l'aide et du soutien afin de souffler un peu et de prendre soin de vous.

Vous cherchez des astuces pour partager des moments de complicité avec vos enfants ? Vous souhaitez une nouvelle vie qui vous ressemble, remplie de tendresse et de sourires ? Un quotidien où les câlins avec vos enfants seront toujours la priorité ?

Qui a dit que les parents solos ne pouvaient pas vivre sereinement ? Que des enfants de parents séparés ne pouvaient pas être heureux ? Certainement pas Marie Costa, maman solo pendant de nombreuses années ! Elle vous confie toutes les recettes (testées pour vous !), pour relever tous les défis des parents séparés.

Le bonheur en famille séparée : c'est possible… il vous suffit juste de tourner cette page pour découvrir comment…

« … Parents séparés, ils vécurent heureux et eurent des enfants épanouis ! »

Étape 1

Le temps de la séparation

« Voilà, c'est fini... » C'est désormais acté, vous souhaitez vous séparer de votre conjoint/conjointe ou il/elle vous a annoncé que tout était terminé. La vie bascule, le quotidien se transforme du jour au lendemain. Le passé, c'est le passé mais il n'est pas toujours complètement passé et il faut composer avec le présent qui n'est pas tous les jours évident.

C'est un fait, on dénombre aujourd'hui de plus en plus de familles monoparentales dans notre société. Selon l'INSEE[1], en 2020, une famille sur quatre est monoparentale. Après la séparation, la garde des enfants est le plus souvent confiée à la mère. Ainsi, les femmes se retrouvent à la tête des familles monoparentales dans 85 % des cas. 12 % des enfants dont les parents sont séparés vivent en résidence alternée.

Aussi difficile soit elle, la séparation implique un nouveau départ, une nouvelle organisation. Les parents ne recommencent pas de zéro mais il va falloir prendre un nouveau tournant. Le parent solo n'a pas le choix, il ne peut compter que sur lui pour que tout fonctionne à la maison.

Alors comment annoncer la séparation à l'enfant ? Allons-nous lui dire la nouvelle ensemble ? Quel est le bon moment ou le bon endroit pour le faire ? Quels mots choisir ? Que lui dire pour ne pas lui faire trop de peine ?

1. INSEE : en France, Institut national de la statistique et études économiques.

1. Faire le point sur soi-même

a. Un château de cartes qui s'effondre

« On a des mots pour dire une peine légère.
Mais les grandes douleurs ne savent que se taire »

Sénèque

Cristina reçoit un texto
Aujourd'hui à 16 heures mon monde s'est écroulé… Mon mari m'annonce qu'il n'est plus heureux, qu'il n'a plus de sentiment pour moi, qu'il n'y arrive plus… et tout cela par sms… Je l'appelle immédiatement et je fonds en larmes en lui disant que ce n'est pas possible… il me répond simplement : « On en parlera à mon retour… ».

Un beau matin, vous vous réveillez et vous réalisez que tout ce que vous aviez souhaité, rêvé, projeté, idéalisé, tout cela n'existe plus. Vous ne retrouvez plus la petite flamme au fond de vous qui vous fait vibrer de joie en regardant votre conjoint(e). Quelle que soit la raison, cela vous laisse un arrière-goût amer. Pourquoi en est-on arrivé là ? Est-ce le quotidien, la monotonie, ou la familiarité qui ont fini par nous rattraper ? Est-ce la surprise, enfin, la mauvaise surprise de la trahison, du mensonge, de la tromperie qui vous a laissé(e) bouche bée ?

Tout bascule, soit brutalement quand le conjoint annonce qu'il souhaite juste « changer de vie », soit lentement, à cause de cette fameuse routine qui vous a rattrapés et a gangrené peu à peu chaque instant de votre vie. Vous pouvez également être à l'initiative de cette décision : vous avez ouvert les yeux, réalisé un beau matin que vos routes étaient trop différentes pour les emprunter côte à côte, et qu'il valait mieux se séparer au prochain carrefour pour choisir des voies qui vous correspondent davantage. Peu importe l'origine, la situation reste bien souvent délicate, voire douloureuse à vivre.

Faire le deuil d'une vie à deux prend du temps; et beaucoup de temps quoi qu'on en pense. Du temps pour détricoter le passé, rendre le présent plus respirable, imaginer le futur comme un nouvel envol, relever la tête et se dire que l'on va devoir faire face au quotidien de parent solo...

Mais avant tout, il faut prendre conscience de l'état dans lequel on se trouve, afin de prendre en main ce nouveau quotidien. Le choc de la nouvelle, votre stupéfaction suite à la décision... Comment décririez-vous ce que vous avez vécu?

Mettre des mots sur des maux

Qu'avez-vous ressenti au moment de la séparation ?

- Je suis sous le choc de la nouvelle.
- Je n'arrive pas à réaliser.
- Je me sens abandonné(e).
- Qu'est-ce que j'ai raté ?
- C'est un beau (nom d'oiseau), c'est une belle (nom d'oiseau).
- Mais on était pourtant si bien ensemble... je me souviens de ce bon moment...
- Je n'accepte pas SA décision, ce n'est pas mon choix.
- Je n'ai pas désiré cela.
- Je ne m'y attendais pas.
- Je suis effondré(e), tout semble s'écrouler autour de moi.
- Je pleure, je m'énerve, je suis fou/folle de rage... mes émotions me dépassent.
- Mais pourquoi ? Pourquoi moi ? Pourquoi maintenant ?
- C'était mûrement réfléchi, j'ai pris la meilleure décision pour moi et mes enfants.
- Enfin libre ! Je vais être plus heureux(se) maintenant.
- Cela a été difficile de prendre la décision mais je l'assume maintenant.
- C'est comme ça, je ne peux plus recoller les morceaux, je vais devoir avancer.

- Je veux me battre, obtenir une reconnaissance de ce que j'ai subi, demander l'aide de la justice.
- Je ne comprends toujours pas pourquoi il/elle m'a quitté(e) ?
- Mais est-ce une décision ferme et définitive ? N'y a-t-il plus aucun espoir de poursuivre ma relation avec lui/elle ?

☞ **À vous d'écrire ce que vous ressentez**

....

....

....

....

....

....

....

....

Bon à savoir
Les 5 étapes de la rupture

1. **L'annonce de la rupture**. C'est un choc émotionnel important surtout quand il n'y a aucune anticipation. Mais rapidement s'enchaîne la seconde étape.
2. **La reconquête**. On garde l'espoir de rétablir un dialogue, on est dans une position de séduction. Dans cette phase de déni, on se ment bien souvent à soi-même car l'autre a déjà mis un point final à l'histoire. On peut même tenter d'établir des projets communs (faire un enfant, partir en voyage, etc.) pour reconstruire le couple. Mais bien souvent, ça n'aboutit pas. Une fois que le parent prend conscience que la relation est réellement terminée, il entre dans la troisième phase.
3. **La prise de conscience**, souvent entremêlée par de la peur. Au niveau matériel : « où vais-je vivre ? », « Est-ce que je peux m'en sortir financièrement avec les enfants ? », au niveau de la gestion du quotidien : « Je n'aurai plus une minute de

répit », « Comment tout cumuler ma vie de parent solo et mon boulot ? ». Mais arrivent rapidement les émotions négatives voire dépressives.

4. **Moment de spleen** : une grande culpabilité, de la tristesse, de la colère surgissent. On a parfois envie d'être seul pour se laisser traverser par toutes ses émotions, ou on a besoin de pleurer, de crier sa peine en haut d'une montagne, de courir jusqu'à ne plus pouvoir mettre un pied devant l'autre, ou de parler à un ou une ami(e), à un psy. Chaque personne est différente : à vous de prendre ce temps pour vous, en vous écoutant et en vous prodiguant de la tolérance et de la douceur. Refouler ses émotions ne fait que reculer le moment de l'explosion (cris, colère, déversement de haine, etc.) ou de l'implosion (écroulement, larmes, etc.). Vous devez passer par là avant de relever la tête.
5. **Se relever** : vient alors la cinquième et ultime étape. C'est le temps de la reconstruction qui induit une réflexion sur la relation passée, et tend à un remaniement de soi ! Ce n'est pas encore le moment de se lancer dans une nouvelle aventure car celle-ci ne sert souvent qu'à panser les plaies encore béantes.

PETIT PLUS

À l'aide d'un jeu de cartes: tentez de construire un château de cartes. À chaque carte posée, imaginez ce que vous avez bâti avec votre conjoint : l'achat d'une maison, la naissance d'un enfant, le voyage de vos rêves, l'implication mutuelle pour une action solidaire, un projet professionnel, etc. Observez le château un moment... avant qu'il ne s'écroule.

Puis répétez mentalement (ou à haute voix si le cœur vous en dit) une phrase positive : « Le passé, c'est le passé, je vais devoir le dépasser », « Lorsque mon château s'écroule, je peux utiliser les pierres pour de nouvelles fondations à mon prochain édifice : il sera plus fort, plus grand, plus beau », « De cet amour impossible, tout devient possible », « Pour que mon château de cartes s'écroule je n'ai retiré qu'une carte, il me reste toutes les autres sur lesquelles m'appuyer : mes amis, ma famille, mon travail, ma passion, mes enfants... » À vous de choisir la phrase qui vous convient ou d'en inventer une autre. L'essentiel est de la répéter plusieurs fois par jour, de la mettre en fond d'écran de votre ordinateur ou sur un post-it collé au frigo !

À retenir

- Admettez que le choc de l'annonce peut être brutal et faire mal.
- Gardez en tête que seul le temps peut panser les blessures les plus profondes.
- Soyez doux et tendre avec vous-même et acceptez de vous laisser traverser par toutes les émotions.
- Visualisez votre château de cartes qui s'effondre et prenez conscience de ce que cela implique : changement, perte, vide, peur, peine... et répétez-vous mentalement que le passé est le passé et que vous êtes prêt à le dépasser.

b. Stop à la moulinette du doute !

« S'il y a bien une chose dont le doute ne saurait avoir raison, c'est bien ma puissance de douter elle-même. Dès lors que je doute, je sais que je pense et donc, que j'existe »

René Descartes

Roxane a peur du lendemain

Tout ça me fait peur, ce rôle de « maman solo », le fait de me retrouver seule à tout gérer... Le fait de devoir déménager, changer mes enfants d'école, de manquer d'argent, les vêtements, les sorties... ce n'est pas la vie que j'avais imaginée, j'y pense nuit et jour. Et si je n'y arrivais pas ? Que va-t-il se passer ?

Se concentrer la plupart de la journée sur des idées négatives, tel un hamster qui tourne dans sa roue en boucle, et nous amène à percevoir notre environnement et tout ce qui nous entoure avec un halo sombre.

Bon à savoir

80 % de nos pensées habituelles sont négatives ; ce qui représente environ 48 000 pensées négatives par jour ! Étonnant, n'est-ce pas ? Notre inconscient émet énormément de pensées en une seule journée. Et d'un jour sur l'autre ? Eh bien, très peu sont nouvelles : 95% de nos pensées nous ont déjà traversés l'esprit la veille.

En clair... notre inconscient ressasse en boucle les mêmes pensées d'un jour sur l'autre, et la plupart du temps ces pensées sont négatives !

Attention donc au cercle vicieux. Nos conditions de vie, notre environnement, notre quotidien, etc. influencent de manière inconsciente nos pensées. Celles-ci vont avoir une influence sur notre corps : ainsi après avoir répété « J'en ai lourd sur les épaules », votre épaule finit, un beau matin, par vous faire souffrir !

Ces pensées occupent tout notre esprit et elles nous empêchent de changer de perception, de regarder la vie sous un autre angle, d'avoir une autre vision des choses.

Voici les 10 commandements pour produire des pensées négatives :

1. Tout ton esprit sera obnubilé par des pensées négatives.
2. Tu deviendras accro à tes pensées limitantes.
3. Tu suivras la loi du « Tout ou rien ».
4. Tu verras la réalité déformée »
5. Ton corps deviendra douloureux comme tes pensées.
6. La boucle négative videra ta batterie d'énergie.
7. Un état de rumination incessant augmentera ton stress.
8. Tu finiras par écouter la critique qui te critique.

9. Sème du négatif et tu récolteras la nullité absolue.
10. Tu t'auto-saboteras en permanence.

La rumination mentale désigne le fait d'avoir des pensées récurrentes et répétitives que l'on a du mal à contrôler, souvent liées à un événement passé ou à une projection noire du futur. Ces pensées « tournent en boucle » dans notre tête, et sont souvent source de fatigue voire d'épuisement. Ruminer crée un cercle vicieux dont on peut facilement devenir prisonnier.

Analyser son discours intérieur

Quelles sont les pensées qui reviennent à vous sans cesse ?

- Je suis nul(le).
- Je ne suis pas capable.
- Je ne me sens pas belle/beau.
- Je ne suis pas au niveau des autres.
- Je n'y arriverai jamais.
- Je n'ai pas les qualités nécessaires.
- Laisse tomber, c'est trop dur.
- Tu n'as aucune chance.
- Mais qu'est-ce qu'il/elle a de plus que moi ?
- Il/elle me déteste.
- Il/elle ne me répond pas, qu'est-ce que j'ai fait de mal ?
- Je ne vais pas réussir.
- Je ne peux rien changer, je n'ai pas de pouvoir sur le problème.
- Ce n'est pas moi qui décide.
- Personne ne va me venir en aide.
- J'ai encore fait une erreur.
- Je vais encore me faire critiquer ou rejeter.
- C'est trop risqué.
- Ma vie est foutue.
- Tout s'est écroulé, je n'ai plus d'énergie pour reconstruire quelque chose.
- C'est toujours à moi que cela arrive.

☞ **À vous d'écrire vos ruminations du jour**

....

....

....

....

....

....

....

....

PETIT PLUS

Devenez mentaliste : le mentalisme est un terme à la mode, notamment grâce à une série télévisée. Devenez à votre tour expert de votre mental. Enquêtez sur vos ruminations. Si une pensée négative vient à surgir dans votre esprit, neutralisez-la immédiatement en trouvant 10 choses positives autour de vous : « Tiens le soleil pointe de nouveau son nez », « J'aime bien boire ce thé chaud », « J'entends les enfants rire », « J'ai de la chance d'être en bonne santé », etc.

À vous d'utiliser vos dons d'observation de vos pensées pour les démasquer et les chasser ! Après quelques jours de pratique, vous deviendrez l'interprète de vos réflexions intérieures et expert en idées positives !

Je m'exprime positivement :

~~Je n'ai pas réussi~~ → Je n'ai pas encore réussi.
~~Je n'y arrive pas~~ → J'ai déjà bien avancé.
~~Je suis moche~~ → J'ai de jolis yeux.
~~C'est trop difficile pour moi~~ → Je peux commencer par ce que je sais faire.
~~C'est impossible~~ → Ce n'est pas encore possible.
~~Je ne peux pas~~ → Je vais tenter.
~~J'ai fait une erreur~~ → J'ai appris une leçon.
~~La vie est difficile~~ → La vie est une aventure avec des hauts et des bas.

~~Je me suis trompé~~ → Je tire les conclusions de mes erreurs pour ne plus me tromper.
~~C'est trop dur~~ → Qui peut m'aider à avancer?
~~Je n'ai pas de chance~~ → Je vais provoquer la chance.
~~Je vais essayer~~ → Je vais le faire.
~~C'est un problème~~ → C'est un défi ou une opportunité.
~~C'est trop tard~~ → Il est encore temps.
~~C'est nul~~ → Cela peut être amélioré.
~~C'est impossible~~ → Tout est possible si j'y crois.

À retenir

- Ne vous laissez pas piéger par les petites voix intérieures qui vous jugent, qui vous blessent et qui anticipent des événements négatifs.
- N'oubliez pas que les pensées dont vous êtes à l'origine peuvent vous détruire… ou vous faire avancer.
- Non, vous n'êtes pas ce que vous pensez ! Cessez l'autosabotage et faites taire ces petites voix mauvaises conseillères.

2. Annoncer la séparation aux enfants

a. Dire ou ne pas dire, telle est la question

« Il vaut mieux mettre son cœur et ne pas trouver les mots, que de trouver les mots et de ne pas y mettre son cœur »

Anonyme

Barbara ne trouve pas les mots
Voilà, je vais me séparer de mon mari. Nous avons trois enfants, je ne sais pas comment leur annoncer. Je suis un peu perdue, j'ai peur de ne pas avoir les mots pour répondre à leurs questions. Est-ce que quelqu'un qui aurait vécu la même chose voudrait en discuter un peu avec moi ?

Si certains enfants ressentent la séparation de leurs parents, pour d'autres, ce ne sera pas une surprise très plaisante à découvrir. L'annonce reste toujours un moment délicat pour les parents. Quels sont les messages importants à leur transmettre ? Quel est le choix des mots pour leur dire ? Quels écueils sont à éviter ?

i. Préparer l'annonce pour les enfants

Posez-vous vous-même les bonnes questions !

1. Tout d'abord, êtes-vous certain de votre décision ?

La question semble évidente mais il arrive souvent que les parents fassent une annonce un peu trop rapide à l'enfant avant qu'ils ne se remettent finalement ensemble !

2. Avez-vous déjà réfléchi à l'organisation avec votre futur ex-conjoint ?

Qui déménage ? Où ? L'enfant change-t-il d'école ou pas ? Comment va s'organiser la future garde ? Qui l'emmènera au judo ou aux cours de piano ? Vous pourrez ainsi dire avec des mots simples comment les choses vont se passer : « Papa va vivre ici et maman va habiter dans une autre maison. Toi, tu vas vivre certains jours avec maman et d'autres avec papa ».

3. Qui se charge de l'annoncer ?

Il est préférable que les deux parents soient ensemble pour faire l'annonce à l'enfant. Mais parfois, la situation ne le permet pas et il faut prévoir de le dire seul (en cas de déplacement d'un parent ou d'une situation exceptionnelle de violence par exemple).

4. Quand lui en parler ?

Quand la décision est prise et que la séparation est sur le point de se faire. Rien ne sert de lui dire trop tôt si vous continuez de cohabiter encore quelque temps ensemble. Évitez de lui en parler le soir juste avant d'aller se coucher, la veille des vacances chez les grands-parents, ou la veille d'une évaluation ou d'un examen. Quelques jours avant la séparation effective, il faudra lui rappeler que l'un des deux parents va partir. Ce peut être aussi une bonne idée de lui faire visiter le nouveau logement du parent qui déménage.

5. Où lui faire l'annonce ?

Il est important de trouver un endroit neutre, calme et sécurisant. Surtout, évitez de l'annoncer dans la chambre de l'enfant. Vous pouvez choisir de vous installer autour d'un jeu dans le salon ou à l'extérieur de la maison dans un endroit que l'enfant connaît bien. L'essentiel est de trouver un endroit calme pour pouvoir répondre à ses questions et accueillir ses émotions.

6. Que dire à l'enfant ?

Il faut énoncer un message clair, simple et adapté à l'âge de l'enfant. Quels que soient les mots que vous choisissez, les messages importants à lui transmettre sont :

- il n'est pas responsable de la séparation ;
- vous ne l'abandonnerez jamais : ses deux parents s'occuperont de lui ;
- et votre amour pour lui est infaillible !

Il n'est pas recommandé de lui donner trop de détails comme les raisons de votre séparation, vos griefs envers l'autre parent, vos querelles sur la vie à venir : tout cela ne le concerne pas ! L'enfant n'est pas non plus votre confident, de ce fait, évitez les phrases telles que : « Tu sais, j'ai tout fait pour que ça fonctionne », « Ton papa ou ta maman m'a fait souffrir », etc.

Aidez-le à visualiser les prochaines étapes en notant sur un calendrier les prochains changements. Si l'enfant est encore petit, vous pouvez également lui donner les précisions au fur et à mesure plutôt que de l'assaillir d'informations.

7. Que répondre aux inquiétudes de l'enfant ?

N'oubliez pas que l'enfant ne s'attend pas à une telle annonce. Il aura certainement besoin de vous poser des questions afin de comprendre ce qu'il se passe. Il peut vous poser les mêmes questions plusieurs fois de suite et même plusieurs mois de suite. Le devoir des parents est de trouver des réponses claires qui le rassurent. N'hésitez pas à utiliser des mots simples : « On ne s'aime plus comme des amoureux, on va se séparer, mais toi, on t'aime toujours et on va toujours t'aimer ».

8. Comment anticiper la réaction de l'enfant ?

En fonction de son âge ou de son tempérament, chaque enfant va réagir différemment. Certains vont fondre en larmes, d'autres se mettre en colère et d'autres s'exclamer : « C'est une blague ? ». L'enfant de 4 ans va peut-être s'exprimer par des pleurs, des maux de ventre ou des cauchemars. Un autre enfant de 10 ans peut se laisser emporter par de la colère ou au contraire ne pas se montrer très surpris par cette annonce.

Observez les réactions, les changements d'attitudes dans les jours qui suivent : est-ce que votre enfant est plus irritable ? Se met-il plus facilement en colère ? A-t-il du mal à s'endormir ? A-t-il perdu l'appétit ? Se ronge-t-il les ongles ? Est-il plus triste qu'avant ?

ii. Tout ce qu'il faut absolument éviter

- N'annoncez pas la rupture à un moment où vous n'êtes pas disponible pour en parler avec lui (par exemple, la veille d'un départ en vacances, ou d'un examen).
- Ne banalisez pas la séparation en disant : « Cela devait arriver, un couple sur deux se sépare ».
- Ne donnez pas trop de détails sur les circonstances qui ont conduit à la séparation.
- N'abordez pas tous les sujets délicats en même temps, il est préférable de les annoncer au fur et à mesure
- Ne critiquez pas, ne blâmer pas, n'accusez pas l'autre parent.
- Ne transmettez pas à votre enfant votre colère ou votre peine : il n'est ni votre confident ni votre psychologue.
- N'utilisez pas votre enfant comme messager entre vous et votre ex-conjoint, ne lui demandez pas de prendre part aux conflits.

- Ne lui laissez pas de « faux espoirs » de réconciliation avec l'autre parent.
- Ne faites pas de promesses que vous n'êtes pas certain de tenir.
- Ne dites jamais à votre enfant un secret qu'il ne doit pas révéler à l'autre parent.

Bon à savoir

Il faut réussir avant tout à rester neutre. Non, la séparation n'est pas facile… ni pour vous, ni pour votre enfant. Mais pour autant n'en faites pas un drame !

Non, la séparation n'est pas une bonne nouvelle : l'enfant souhaitera souvent secrètement que vous vous remettiez ensemble. Mais essayez de lui montrer les aspects positifs de cette séparation : « Ça va être super cool, tu vas avoir deux maisons, le double de cadeaux pour ton anniversaire, etc. ».

PETIT PLUS

Voici quelques idées de phrases pour annoncer une séparation

« Nous ne sommes plus amoureux, et nous avons pris la décision de nous séparer et de ne plus vivre dans la même maison. »

« Même si nous ne nous aimons plus, nous sommes vraiment heureux de vous avoir et nous serons toujours là pour vous car vous êtes nos enfants. »

« Il peut arriver qu'un couple ne soit plus sur la même longueur d'onde. Mais vous n'y êtes absolument pour rien. »

« Nous vous aimerons toujours et serons toujours présents, quelles que soient les conditions. »

« Ensemble, nous continuerons de prendre des décisions vous concernant. »

« Vous irez chez votre père une semaine puis chez moi pendant une semaine. Mais vous continuerez vos activités et resterez dans la même école. »

« Je comprends vos inquiétudes mais c'est une histoire d'adultes. Nous vous aimons et continuerons de vous aimer quoi qu'il se passe. »
« Tu n'as pas à choisir entre tes deux parents, tu as le droit de les aimer tous les deux. »
« Le planning de garde sera fait à l'avance (ou validé par le juge), tu n'auras pas à t'en soucier. »
« Tu seras chez maman un week-end sur deux et la moitié des vacances scolaires. »
« Tu fêteras ton anniversaire chez chacun des parents. »

Je réfléchis à ce que je vais dire

En fonction de l'âge de l'enfant, votre discours pourra prendre différentes formes et différentes directions :

- l'enfant a moins de 5 ans : le concept de séparation est flou pour lui, il ne comprend pas vraiment les tenants et les aboutissants de votre annonce. Vous devrez expliquer plusieurs fois les choses au fur et à mesure qu'elles évoluent ;
- l'enfant a entre 5 et 8 ans : il sait ce que veut dire « se séparer », mais il peut encore se sentir responsable de la situation. Il sera certainement attristé en apprenant la nouvelle et il souhaitera peut-être la réconciliation des parents ;
- l'enfant a entre 8 et 12 ans : il comprend davantage l'annonce, mais il peut aussi avoir envie de prendre parti pour l'un des deux parents et blâmer l'autre. Chercher « qui est le gentil ou qui est le méchant ». Il est donc important de faire une annonce la plus neutre possible en lui indiquant toutes les démarches que vous allez mettre en place pour la séparation ;
- l'ado a entre 12 et 17 ans : même s'il montre des signes d'indépendance, il n'en demeure pas moins que vous devez prendre le temps de lui annoncer. Prévoyez un temps nécessaire pour qu'il pose ses questions, et notamment la question principale : « Est-ce que je pourrais encore voir mes amis ? ».

☞ À vous d'écrire votre annonce en fonction de l'âge de votre ou vos enfant(s), en prenant soin de bien choisir les mots

....

....

....

....

....

....

....

....

....

....

....

....

PETIT PLUS

La check-list des choses à prévoir de lui dire quel que soit son âge :

- ☐ Quel type de garde va être mise en place (garde exclusive ou partagée).
- ☐ Quand le déménagement aura lieu ? Qui déménage ? Où va-t-il habiter ?
- ☐ Quelle sera l'alternance chez papa et chez maman ?
- ☐ L'enfant devra-t-il changer d'école ou pas ?
- ☐ L'enfant pourra-t-il conserver ses activités extrascolaires ?
- ☐ L'enfant pourra-t-il garder ses copains ? sa baby-sitter ?

Attention au risque de la « parentification » : si l'enfant ou l'adolescent devient le confident, le soutien de son parent, ou le missionnaire (chargé de transmettre des informations entre les deux parents), il se sentira responsable de ce que vit son parent au lieu d'investir sa vie d'enfant.

À retenir

- Annoncer une séparation aux enfants se prépare, posez-vous les bonnes questions : Que dire ? Quand, Comment ? Où ?
- Rappelez-lui qu'il n'est pas responsable de la situation et que ses deux parents l'aimeront toujours.
- Rappelez-vous que l'enfant n'a pas à choisir entre ses deux parents, il a le droit de les aimer tous les deux.

b. Accueillir les émotions des petits et des grands

« Être empathique, c'est voir le monde
à travers les yeux de l'autre et ne pas voir notre monde
se refléter dans leurs yeux »

Carl Rogers

Emma : *Don't Worry Be Happy*

Elles sont donc là, toutes les sept devant moi, toutes les sept ? Oui, mes émotions ! Mais, non, il m'en manque une. Où est ma Joie ? Ni une ni deux je décide de la chercher dans tout l'appartement. Je ne peux décemment pas décider d'organiser ma vie seule avec ma fille sans elle ! Ça y est je l'ai trouvé ! Elle est là, simplement devant moi… ma petite fille d'un an. Je ne peux pas résister. J'ai envie de m'asseoir près d'elle, de la regarder dormir… de savourer ce moment de joie… après tout, mes autres émotions peuvent bien attendre !

Les enfants restent grandement impactés par l'annonce de la séparation de leurs parents. Trois facteurs peuvent affecter leur bien-être :

- les querelles des parents : le degré et la durée des hostilités ;
- la qualité de la coparentalité : les décisions prisent conjointement ou pas concernant l'enfant ;
- la qualité de la relation parent/enfant.

La plupart des enfants réagissent au divorce de leurs parents en manifestant des émotions douloureuses que sont la peine, la tristesse, la confusion, le regret, la peur de l'abandon, la culpabilité, le doute, la colère, l'inquiétude, l'amertume, l'injustice, l'incompréhension...

PETIT PLUS

Accueillir les émotions fortes des enfants en utilisant l'écoute empathique

Voici les obstacles à l'écoute empathique :

Conseiller : « Tu devrais parler davantage et te confier à un psy. »

Nier : « Ce n'est pas bien grave. »

Enquêter : « Qu'en penses-tu ? », « Donne-moi ton avis. »

Diagnostiquer : « À force de pleurer, tu vas faire une déprime. »

Philosopher : « Cela ira mieux demain. »

Stopper net : « Arrête de pleurer. »

Interpréter : « C'est toi le plus sensible de la famille. »

Anticiper : « Je sais que cela va être dur pour toi et tes frères. »

Rassurer : « Cela va passer. »

Juger : « Tu ne devrais pas faire cela comme cela. »

Ramener à soi : « Tu sais, ce n'est pas facile pour moi non plus ! »

Bon à savoir
L'écoute active ou empathique

Elle a été créée par le psychologue américain Carl Rogers. C'est une méthode de communication destinée à fluidifier les échanges.

Elle repose sur la connexion à l'autre et la reformulation pour lui montrer qu'il est écouté et compris.

Cette technique permet à chacun de s'exprimer librement mais également de mettre des mots sur les émotions.

Écouter avec empathie en trois temps :

1. Rester silencieux : écouter l'autre en silence permet de respecter son besoin d'être écouté. Être complètement disponible à l'écoute.
2. Observer son enfant avec un regard plein de compassion, faire attention au non verbal. L'intérêt étant de capter les ressentis et les émotions de l'enfant afin de les verbaliser.
3. Verbaliser ce que l'on a compris : reformuler ses propos comme pour vous assurer que le message soit bien passé : « J'ai l'impression que tu as peur de ne plus voir tes amis après notre séparation, c'est bien cela ? », « Il me semble que tu es en colère et d'après ce que tu viens de me dire tu trouves la situation injuste », etc.

Observation des émotions fortes de mon enfant

Le mot « émotion » vient du latin *e-motere*, du verbe « se mouvoir ».

Les émotions génèrent des comportements et nous incitent à agir.

Vous pouvez lui donner **une explication simple** de chaque émotion que vous observez chez votre enfant.

Tristesse : c'est en quelque sorte un récipient aux larmes

- Solitude : l'absence des autres qui me pèse.
- Bouleversé : se sentir tout retourné par une nouvelle.
- Découragé : ne plus avoir de courage.
- Déprimé : avoir des idées très tristes.
- Malheureux : ne pas avoir de chance.
- Anéanti : être détruit complètement.
- Malheureux : qui a plein de malheurs.
- Peiné : qui est touché par le chagrin.
- Perdu : qui ne sait plus quoi faire, quoi penser.
- Pessimiste : qui est inquiet pour l'avenir.
- Accablé : comme écrasé par quelque chose de pénible.
- Nostalgique : penser que c'était mieux avant.

Surprise

- Choqué : avoir eu une nouvelle très inquiétante.
- Abasourdi : la nouvelle me laisse sans mot, je ne sais plus quoi dire.
- Déconcerté : être troublé par quelque chose auquel on ne s'attendait pas.
- Désorienté : qui ne sait plus où il en est, ce qu'il doit faire.
- Troublé : qui est tout retourné par ce qu'il vient d'apprendre.
- Perplexe : qui hésite, qui ne sait pas quoi penser de la situation.

Peur

- Craintif : qui a de l'inquiétude.
- Inquiet : qui est tourmenté par quelque chose.
- Préoccupé : avoir un grand souci.
- Anxieux : qui a peur pour l'avenir.
- Angoissé : sensation pénible due à une impression de danger.

Colère

- Mécontent : qui n'apprécie pas qui arrive.
- Agacé : être un peu énervé, irrité par quelque chose.
- Contrarié : être ennuyé ou fâché.
- Énervé : être exaspéré par quelque chose.
- Fâché : se sentir en colère contre quelqu'un ou quelque chose.
- Grincheux : être de mauvaise humeur.
- Impuissant : ne pas avoir la possibilité de faire ou de dire quelque chose.
- Révolté : qui refuse la situation, qui s'oppose.
- Enragé : qui est fou de colère.

☞ **À vous d'écrire les émotions de votre enfant du moment (profitez-en pour trouver les vôtres également)**

....

....

....

Dessin « deux fois plus d'amour pour toi »

Dessinez deux maisons avec un parent dans chacune des maisons. Dessinez deux fois l'enfant et expliquez que partout où il ira, il aura l'amour de ses parents. L'amour se multiplie par deux : le cœur des parents reste intact pour leurs enfants. Lui **rappeler que vous l'aimerez toujours** et que **les parents ne divorcent jamais d'avec les enfants**.

Un dessin vaut mille mots : « Dans les deux maisons tu trouveras TOUJOURS de l'amour ».

À retenir

- Écoutez en silence et connectez-vous aux émotions de votre enfant en utilisant l'écoute empathique.
- Nommez et expliquez les émotions fortes.
- Dessinez pour réaffirmer à votre enfant l'amour que vous lui portez et que vous lui porterez toujours !

c. De quoi l'enfant a-t-il besoin ?

« Les gens n'ont pas besoin de conseils,
ils ont besoin de compréhension »
H. Jackson Brown

Elena a besoin d'écoute, de comprendre et de conseils
J'ai mes enfants en charge exclusive et j'ai l'impression de passer mon temps à crier sur eux, à les gronder en permanence. Je m'en veux énormément sur le moment mais aussi après. Comment faites-vous ? Une maman désespérée qui a besoin d'aide.

Le lien entre les émotions et les besoins : les émotions ne surviennent jamais par hasard. Ce sont les messagères de nos besoins parfois non comblés. La peine, par exemple, est souvent associée à un sentiment de vide intérieur qui correspond au besoin d'être écouté. Mais la joie elle aussi renferme un besoin : celui de se sentir vivant, et de partager ce désir ! Pour en revenir à Elena, elle a besoin de calme, de partager les tâches du quotidien, de faire du sport, qu'on lui garde ses enfants... mais aussi besoin de mettre des routines pour rassurer les enfants, d'apprendre à chuchoter, d'encourager, d'expliquer aux enfants ce qu'on attend d'eux...

Émotions	Le besoin correspondant
La peur	Besoin d'être rassuré, en sécurité, en sûreté, d'avoir de l'espace, du calme.
La colère	Besoin de réciprocité, de respect, de justice, de réparation, de compréhension, de reconnaissance.
La tristesse	Besoin de consolation, d'amour, d'empathie, de soutien, de contacts physiques, de câlins.
La honte	Besoin de demander pardon, de réparer, de trouver une écoute bienveillante.
Le dégoût	Besoin de sécurité, de justice et de réassurance.
La joie	Besoin de partager, de célébrer, de se réjouir, de fêter.

Bon à savoir
La pyramide des besoins

Imaginée par Abraham Maslow, la pyramide des besoins a pour objectif de hiérarchiser les besoins des individus. Cinq catégories de besoins y sont recensées : les besoins physiologiques, le besoin de sécurité, le besoin d'appartenance, le besoin d'estime de soi et le besoin d'accomplissement.

La pyramide des besoins de Maslow

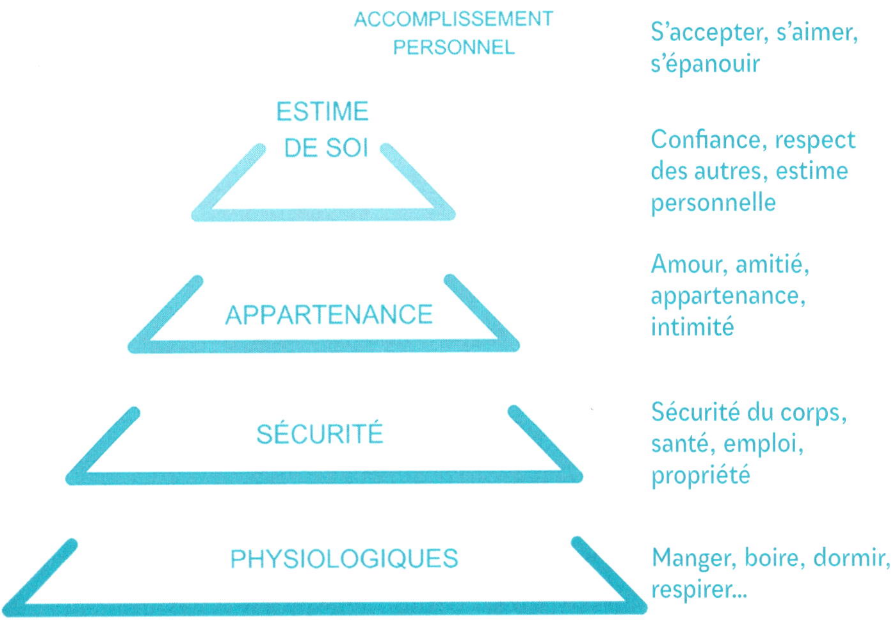

Analyse de mes besoins du moment

Physiologiques : manger, boire, dormir, bouger, prendre l'air, respect de mon rythme.

Sécurité : confiance, harmonie, paix, réconfort, préservation, protection, calme, silence, soutien.

Appartenance : attention, compagnie, contact, empathie, bienveillance, intimité, partage, proximité, délicatesse, tact, amour, honnêteté, respect, sincérité, confiance, réciprocité.

Estime de soi : respect de soi, en accord avec ses valeurs, intégrité, authenticité, évolution, confiance en soi, affirmation de soi.

Accomplissement personnel : amour de soi, autonomie, indépendance, épanouissement, émancipation, liberté.

☞ **À vous d'écrire vos besoins non comblés du moment**

....

....

....

....

....

....

....

....

....

....

....

....

....

....

....

....

PETIT PLUS

Jeu de cartes des besoins

Disposez les cartes sur une table, laissez-les à disposition des enfants et plusieurs fois par jour, choisissez une carte qui correspond au besoin du moment. Le défi est de combler son besoin !

À retenir

- Une émotion est un indicateur précieux de ce qui se passe en nous.
- Accueillez votre émotion pour libérer une tension interne.
- Soyez à l'écoute de votre émotion du moment car elle renseigne sur le besoin caché : qu'est-ce qui vous fait réagir ainsi ? De quoi avez-vous besoin ?
- Mettez en place des actions pour satisfaire le besoin.

3. Le rythme de vie et le mode de garde

« Dès lors qu'on est parent, il y a des devoirs qu'on ne peut esquiver, des obligations qu'il faut remplir, quel qu'en soit le prix »

Paul Auster

Malik se questionne sur la garde partagée

Pour ceux qui ont des enfants en garde partagée une semaine sur deux depuis longtemps, ou ceux dont les enfants sont assez grands pour exprimer leurs ressentis quant à leur enfance en garde partagée : comment l'ont-ils vécu ? Que pensent-ils du fait de changer de maison chaque semaine ?

a. Les questions d'obligations parentales

i. L'autorité parentale

Selon la loi[2], « l'autorité parentale est un ensemble de droits et de devoirs ayant pour finalité l'intérêt de l'enfant ».

2. https://www.service-public.fr/particuliers/vosdroits/F3132#:~:text=Ainsi%2C%20l'%C3%A9pouse%20de%20la,'%C3%A9mancipation%20de%20l'enfant.

Qu'est-ce que « l'intérêt » de l'enfant ? L'intérêt de l'enfant sera apprécié en fonction de chaque enfant et du contexte familial et social auquel il appartient. Il faut penser à l'intérêt de l'enfant à partir de ses besoins fondamentaux.

Chaque parent exerce, avec l'autre parent, l'autorité parentale jusqu'à la majorité ou l'émancipation de l'enfant (sauf décision de justice contraire).

L'autorité parentale doit être exercée dans l'intérêt de l'enfant et dans le respect de ses besoins fondamentaux.

ii. Les obligations des parents

Les parents sont avant tout garants de la sécurité de l'enfant, de sa santé et de son intégrité physique. Ils ont également un devoir d'entretien : outre le fait de le nourrir, le vêtir, les parents doivent également permettre le développement physique, moral et intellectuel de leur enfant.

Les trois obligations fondamentales sont :

- l'obligation alimentaire : qui ne recouvre pas que l'alimentation, mais aussi le logement, les vêtements, etc. Et elle ne se termine pas aux 18 ans de l'enfant mais au moins jusqu'à la fin des études.
- l'obligation scolaire : l'instruction est un droit pour les enfants entre 3 ans et 16 ans et une obligation pour les parents.
- l'obligation de soins : soigner son enfant et suivre les obligations vaccinales.

iii. La résidence de l'enfant

Selon la loi[3] :

En cas de séparation des parents, la résidence de l'enfant est fixée chez l'un des parents, ou les deux en cas de résidence alternée.

3. https://www.service-public.fr/particuliers/vosdroits/F18785

Les parents qui se séparent peuvent fixer, d'un commun accord, la résidence de leur enfant. Ils pourront également la modifier d'un commun accord. En cas de désaccord, ils devront saisir le juge aux affaires familiales. Les parents mariés, dans le cadre de leur divorce, pourront, en cas de consentement mutuel, organiser la résidence de leur enfant dans le cadre d'une convention déposée devant notaire. En cas de désaccord, ils devront saisir le juge aux affaires familiales.

En cas de déménagement de l'un des parents, l'article 373-2 alinéa 3 du Code civil précise que : « Tout changement de résidence de l'un des parents, dès lors qu'il modifie les modalités d'exercice de l'autorité parentale, doit faire l'objet d'une information préalable et en temps utile de l'autre parent. En cas de désaccord, le parent le plus diligent saisit le juge aux affaires familiales qui statue selon ce qu'exige l'intérêt de l'enfant ».

En cas de non-respect ou de désaccord :

Si un parent fait seul des actes importants concernant son enfant sans le consentement de l'autre parent, le juge aux affaires familiales peut modifier les modalités d'exercice de l'autorité parentale.

Il est également possible d'avoir recours à la médiation familiale. L'article 373-2-10 du Code civil permet au juge de proposer aux parents une médiation familiale, une mesure qui permet de favoriser l'exercice en commun de l'autorité parentale.

iv. Le retrait de l'autorité parentale

L'autorité parentale peut être retirée, totalement ou partiellement à un ou aux deux parents.

Lorsque le retrait est total, les parents perdent tous leurs droits et devoirs liés à l'autorité parentale. Si le retrait concerne les deux parents, l'enfant peut être confié à l'aide sociale à l'enfance. Lorsque le retrait est partiel, les parents ne perdent que certains droits et devoirs liés à l'autorité parentale qui seront précisés par le juge.

v. La délégation de l'autorité parentale

La délégation parentale est une procédure par laquelle un proche ou un service social va exercer l'autorité parentale vis-à-vis d'un enfant à la place des parents.

vi. L'audition de l'enfant

Le Code civil prévoit que « dans toute procédure le concernant, le mineur capable de discernement peut (...) être entendu par le juge ou lorsque son intérêt le commande, par la personne désignée à cet effet ».

En cas de séparation des parents, c'est le juge aux affaires familiales qui pourra entendre l'enfant. La loi prévoit que « cette audition est de droit lorsque le mineur en fait la demande ». Le juge doit lui reconnaître la capacité de discernement. Le législateur n'a pas déterminé un âge précis. Chaque enfant étant différent. Pour cela, le juge va s'appuyer sur l'âge de l'enfant, sa maturité, son degré de compréhension, et le contexte familial dans lequel il évolue. L'enfant mineur peut être entendu seul, avec l'assistance d'un avocat ; il peut être également entendu en présence d'une personne de son choix.

Bon à savoir
Comment se passe un divorce en Suisse ?

Le divorce peut être demandé conjointement (divorce sur requête commune) ou unilatéralement (lorsque l'un des époux souhaite divorcer et que l'autre ne donne pas son consentement). Lors d'un divorce par consentement mutuel, les époux peuvent divorcer sans nécessairement être assistés d'un avocat.

Pour entamer une procédure de divorce en Suisse, plusieurs étapes doivent être suivies :

- déterminer le type de divorce souhaité et rassembler les documents nécessaires (certificat de mariage, acte de naissance des enfants, etc.) ;

- déposer la requête auprès du tribunal compétent (généralement celui du canton où les époux sont domiciliés) ;
- participer à une audience préliminaire durant laquelle le juge tentera de concilier les époux (sauf en cas de divorce par consentement mutuel) ;
- soumettre les preuves et témoignages, si nécessaire ;
- attendre la décision du tribunal.

Dans certains cas, le processus de divorce peut être accéléré si les deux parties s'entendent sur toutes les modalités du divorce.

Sources : https://www.societehistoiredudroit.fr/le-divorce-en-suisse-un-guide-complet-pour-comprendre-et-agir/

Bon à savoir
Comment se passe un divorce en Belgique ?

La procédure du divorce par consentement mutuel peut se résumer en trois étapes : les époux se mettent d'accord sur tous les points, en signant entre eux des conventions préalables au divorce. Ces conventions sont ensuite soumises au contrôle du tribunal (et du parquet s'il y a des enfants mineurs).

Les trois étapes du divorce par consentement mutuel :

1. La rédaction et signature des conventions avec ou sans acte notarié. Il est alors demandé des pièces justificatives : extrait d'acte de mariage, éventuel contrat de mariage, extrait d'actes de naissance des époux et de leurs enfants, certificat de domicile et de nationalité pour les conjoints.

2. Introduction de la procédure au tribunal de la famille : suite au dépôt du dossier au tribunal, les époux ne doivent plus comparaître au tribunal (sauf exception).

3. Prononciation et publication du divorce par le tribunal. Vous avez un mois pour faire appel si besoin. Le jugement sera ensuite mentionné dans la BAEC (Banque de données des actes de l'état civil) : le divorce est alors officiel.

Sources : https ://www.notaire.be/separation-et-divorce/la-separation-des-couples-maries/le-divorce-par-consentement-mutuel

b. Les questions liées au mode de garde

En cas de séparation, il existe deux possibilités concernant la garde des enfants :

- la garde exclusive : la garde des enfants est confiée à un seul des deux parents. C'est le mode de garde le plus ancien et encore aujourd'hui le plus répandu. Dans la majorité des cas, la garde est confiée à la mère. Le parent qui n'a pas la garde des enfants dispose d'un droit de visite et d'hébergement, bien souvent un week-end sur deux et la moitié des vacances scolaires.
- la garde alternée ou partagée : la garde des enfants est partagée entre les deux parents. Le ou les enfants résident alternativement chez l'un et l'autre des parents. Ce mode de garde a été rendu possible par la loi en 2002 relative à l'autorité parentale. Il est en plein essor même s'il n'est pas encore majoritaire (seulement 12 % en 2020[4]). Voici les conditions à la garde alternée : les parents ne doivent pas être en situation conflictuelle, leurs lieux de résidence doivent être proches l'un de l'autre et de l'école de l'enfant. L'alternance doit être adaptée aux besoins de l'enfant. Les conditions matérielles d'accueil des enfants doivent être remplies dans les deux maisons.

Lorsque les enfants ont moins de 3 ans, les juges aux affaires familiales sont moins enclins à l'autoriser même s'il n'existe pas de règle impérative sur ce sujet.

Le choix du mode de garde des enfants peut s'effectuer d'un commun accord entre les parents ou être décidé par le juge aux affaires familiales si les parents ne s'entendent pas sur le mode de garde.

4. Selon l'INSEE : https://www.insee.fr/fr/statistiques/5227614

Bon à savoir
La garde alternée

La garde alternée n'est pas forcément une semaine chez un parent et la semaine suivante chez l'autre : vous pouvez aussi l'adapter en fonction de vos contraintes, de vos horaires tant qu'ils respectent les besoins de l'enfant.

Prenez le temps de réfléchir avec votre ex-conjoint à toutes vos obligations respectives avant de décider d'un planning adapté à vos situations et de l'annoncer à l'enfant.

PETIT PLUS

Organisation du temps de garde

Vous pouvez proposer un tableau comme présenté ci-dessous pour clarifier la décision prise, auprès de l'enfant.

	Parent 1	Parent 2
Semaine ou jour de semaine		
Week-end ou jour de week-end		
Heure de départ des enfants / heure d'arrivée		

c. Les questions pratiques

Réfléchir aux questions pratiques

Voici quelques exemples pratiques sur lesquels vous pouvez amorcer votre réflexion :

- les vêtements : la liste des vêtements chez papa, chez maman et la liste des vêtements qui peuvent passer d'une maison à l'autre (vous n'êtes pas obligé d'acheter deux combinaisons de ski par exemple) ;
- les affaires scolaires : est-ce que la journée du vendredi, l'école peut garder la valise pour la semaine suivante et permettre la transition entre les deux maisons ? Est-ce que le

collège peut prêter les livres en double pour les deux maisons ? Est-ce que j'ai une trousse de crayons, colle, ciseaux, etc., de secours en cas d'oubli dans l'autre maison ?

☞ **À vous d'écrire comment vous l'imaginez, l'organisation pratique entre les deux maisons**

PETIT PLUS

Qui fait quoi, où et quand ?

Vous pouvez proposer un tableau comme présenté ci-dessous pour aborder ces questions pratiques avec l'enfant.

	Parent 1	**Parent 2**
Le transport entre les deux logements est à la charge de		
Les vêtements des enfants sont chez		
Le sac d'affaires des enfants est préparé par		
La transmission des enfants doit se faire à (préciser l'endroit, le jour et l'heure)		
Les suivis médicaux sont assurés par		
Les activités périscolaires sont assurées par		
Autre		

À retenir

- Informez-vous de vos devoirs et de vos obligations parentales en tant que parent séparé.
- Réfléchissez au mode de garde : garde exclusive ou séparée.
- Questions pratiques : anticipez la gestion de concrète de l'organisation.

4. Sans tabou… parlons de sous !

« L'argent ne fait pas le bonheur. C'est même à se demander pourquoi les riches y tiennent tant »

Georges Feydeau

Anna veut calculer le montant de la pension alimentaire Nous aimerions trouver un terrain d'entente mais comment calculer la pension alimentaire ? Faut-il obligatoirement passer par un avocat et le juge aux affaires familiales ? La pension se calcule-t-elle en fonction du revenu net imposable avec les simulateurs comme celui de la CAF ?

a. La pension alimentaire

La pension alimentaire est une obligation alimentaire imposée par la loi (article 205 du Code civil). Elle est aussi appelée contribution à l'entretien et à l'éducation des enfants car elle ne concerne pas que la nourriture. Les « aliments », au sens juridique du terme, recouvrent en fait les besoins fondamentaux : nourriture mais aussi habillement, soins, logement, activités extrascolaires, etc.

L'obligation alimentaire naît de la filiation et ne s'arrête pas à la majorité de l'enfant, ce qui signifie qu'un enfant peut demander à ses parents de l'aider alors qu'il est majeur et parti du domicile, au moins durant ses études.

Il ne faut pas confondre la pension alimentaire et la pension compensatoire. Cette dernière est destinée à compenser la différence du niveau de vie de l'ex-conjoint.

i. Faire une simulation

Depuis 2010, il existe un barème indicatif[5] pour vous aider à fixer le montant de la pension alimentaire. Il est également accompagné d'un simulateur de calcul en ligne sur le site : https://www.service-public.fr/simulateur/calcul/pension-alimentaire

ii. Les formes de versement de la pension alimentaire

Le versement de la pension peut prendre différentes formes :

- virement mensuel ou tout autre moyen de paiement (chèque ou espèces). Il est préférable de garder un justificatif des sommes versées ;
- prise en charge directe des frais engagés : payer directement la cantine, les séances avec le psychologue... ;
- autres formes : donner à l'enfant des biens productifs de revenus (par exemple, des revenus provenant d'une location d'un bien immobilier).

iii. Révision du montant de la pension alimentaire

Sur demande faite au juge des affaires familiales, la pension alimentaire pourra être ajustée à la nouvelle situation : augmentée, diminuée ou même supprimée. Toute demande de révision du montant devra être justifiée par un élément nouveau.

Bon à savoir
Impossibilité de renoncer à cette pension

La cour de cassation a rappelé le droit d'obtenir la pension alimentaire dans l'arrêt n° 11-19779 du 5 décembre 2012 : « Les règles gouvernant l'obligation alimentaire étant d'ordre public,

5. https://www.justice.fr/simulateurs/pensions-alimentaire/bareme

la renonciation, expresse ou tacite, d'un parent au versement d'une contribution à l'entretien et à l'éducation de son enfant, ou au versement des arriérés dus au titre de celle-ci, est sans effet ».

b. Obtenir une aide en cas d'absence de pension alimentaire

Si une pension alimentaire est prévue mais qu'elle n'est pas ou que partiellement versée, ou que la situation financière du parent débiteur ne lui permet pas de la payer, il est possible pour l'autre parent d'obtenir une aide de la part de la Caisse d'allocations familiales (CAF). C'est ce que l'on appelle l'Allocation de soutien familial (ASE).

Pour avoir droit à cette aide il faut trois conditions cumulatives : vivre seul, résider en France, et avoir au moins un enfant à charge pour lequel aucune pension alimentaire n'est versée (ou quand le montant de celle-ci est inférieur à 187,24 € en 2024). Si l'on dépend de la Mutuelle sociale agricole (MSA), c'est le dispositif GIPA qui garantit contre les impayés de la pension alimentaire.

Bon à savoir
Pour les personnes assujetties à la MSA

À la suite d'un divorce, d'une dissolution de PACS ou d'une rupture de vie commune, tout est chamboulé : logement, garde d'enfants, budget... Pour vous aider à y voir plus clair, la MSA a conçu « Les rendez-vous prestations ». Avec un conseiller, faites le point sur les aides auxquelles vous avez droit.

Bon à savoir
Pour les ressortissants à la CAF

L'intermédiation financière (Aripa) est proposée par la CAF aux parents séparés qui ont fait fixer le montant de la pension alimentaire pour leurs enfants dans un titre exécutoire. Grâce à ce dispositif, la CAF joue le rôle d'intermédiaire entre les parents séparés : elle collecte la pension alimentaire chaque mois auprès du parent qui doit la payer pour la reverser au parent qui doit la recevoir. C'est un service gratuit.

Rendez-vous sur : https://pension-alimentaire.caf.fr/

Analyse de mon budget

Revenus :

- Salaires :
- Fixe :
- Commissions :
- Autres ressources :
- Avantages en nature :
- Indemnités de fonction :
- Prestations sociales, allocations familiales, indemnités :

Total A :

Charges :

- Loyers ou remboursement d'emprunt pour le logement :
- Impôts :
- Crédit (immobilier, voiture) :
- EDF :
- Téléphone :
- Chauffage :
- Eau :
- Taxe foncière :
- Assurances :
- Transport :
- Frais d'entretien de la voiture :
- Autres :

Total B :

Montant disponible pour les charges de la vie courante :

Total A – Total B =

Budget pour l'enfant

École :

- cantine :
- transport scolaire :
- livres :
- papeterie :
- autres :

Garde (nourrice, centre de loisirs) :

Nourriture :

Sport :

Santé :

Habillement :

Loisirs :

Vacances :

Études :

Dépenses exceptionnelles :

Autres :

☞ **Indiquez ici le montant estimatif de la pension alimentaire**

....

....

....

....

....

....

....

....

PETIT PLUS

Bénéficiez des aides pour parents solos

Faites le point sur les aides auxquelles vous avez droit en fonction de votre situation et de vos revenus : allocations familiales, logement social, allocation de rentrée scolaire, aide au recouvrement des pensions alimentaires, allocation de soutien familial, etc.

N'oubliez pas non plus de vous renseigner sur les avantages que peut vous apporter votre municipalité (prêt à taux 0 %, carte famille nombreuse pour les transports et les sorties en famille à prix réduits). Vous pouvez également solliciter votre mairie dans le cadre du Fonds de solidarité logement (FSL). Des aides financières peuvent être proposées pour faciliter l'accès à un logement, le règlement des dépenses d'énergie, d'eau ou de téléphone.

Par ailleurs, les chèques Emploi-service (CESU) permettent de bénéficier des services à domicile (ménage, nounou ou baby-sitter) qui vous permettront de souffler un peu.

France travail peut aussi vous accompagner en vous proposant une aide pour la garde de vos enfants avec l'aide à la garde d'enfants pour parent isolé (Agepi).

Bon à savoir
Le calcul de la pension alimentaire en Suisse et en Belgique

En Belgique, la loi n'impose aucun mode de calcul du montant de la contribution alimentaire. Elle prévoit que chacun des parents doit participer en fonction de ses possibilités financières. Toutefois, si le tribunal estime que le droit des enfants n'est pas respecté, il peut demander aux époux de revoir leurs propositions. L'enfant a le droit de bénéficier du même niveau de vie que celui de ses parents.

Si vous soumettez votre demande via le formulaire en ligne, votre demande sera automatiquement envoyée au bureau d'accueil du SECAL (Service des créances alimentaires) qui s'occupera de votre dossier. Le SECAL peut aussi vous aider sous certaines conditions à récupérer les pensions alimentaires non versées, mais uniquement si vous répondez à certaines conditions.

En Suisse, les parents gagnant juste le minimum vital pour vivre ne payent pas de contributions à l'entretien des enfants.

Actuellement il est évalué à CHF 1 200 par mois pour une personne vivant seule. Si les parents gagnent plus, un montant d'aides est calculé pour l'entretien des enfants, mais ne doit pas constituer un financement supplémentaire pour l'autre parent.

Un barème de calcul est appliqué : il faut compter par exemple, entre 15 à 17 % du salaire net du débiteur, y compris bonus, pour un enfant, 25 à 27 % pour deux enfants et 30 à 35 % pour trois enfants, lorsque le salaire mensuel du parent payeur est entre CHF 6 000 et 12 000 par mois et lorsque la garde est attribuée à l'autre parent.

Vous pouvez retrouver toutes les questions autour de l'obligation d'entretien en Suisse sur la plateforme de publication du droit fédéral :

https://www.fedlex.admin.ch/eli/cc/24/233_245_233/fr#book_2/part_2/tit_8/chap_2

À retenir

- Prenez le temps d'étudier la situation financière et les besoins des enfants de manière précise et factuelle.
- Adoptez un train de vie en phase avec votre budget : faire des dépenses calculées en fonction de ce qui est possible.
- Le montant de la pension alimentaire dépend des revenus des parents, du mode de garde et du nombre d'enfants à charge.
- Faites la liste des besoins de l'enfant.
- Soyez respectueux des capacités financières de chacun.

Étape 2

Le temps de la coparentalité

Vous ne vous entendez plus, vous ne vous supportez plus... et pourtant, il est important d'établir un plan de coparentalité validé par les deux parents dans l'intérêt des enfants.

Pour éviter de nombreux écueils, il est crucial de prendre le temps de réfléchir aux moindres détails et d'anticiper les situations. Si le couple conjugal (l'affection, l'amour qui lient deux personnes) n'existe plus, le couple parental, lui, (le fait d'accomplir des tâches parentales pour les enfants) doit demeurer.

La coparentalité correspond au maintien de son rôle de mère ou de père et de sa place auprès de son enfant malgré la séparation du couple. Les responsabilités sont partagées et le déroulement du quotidien doit se faire en maintenant une certaine collaboration. Chaque décision importante est prise par les deux parents.

La coparentalité se construit dans le temps en suivant différentes étapes et ajustements. Elle demande également de fixer le cadre à l'avance. On peut parler d'exercice de la coparentalité car cela se fait par échanges, ajustements, compromis pour arriver à un accord qui conviendra aux deux parents. Le principe de la coparentalité repose sur le fait que l'enfant a le droit de conserver une relation respectueuse entre ses deux parents dans son intérêt. Vous devenez parents associés dans l'éducation de votre enfant même si vous n'êtes plus unis dans la vie.

Comment continuer de communiquer quand on est séparé? Comment éviter que l'enfant ne devienne l'enjeu d'une guérilla parentale lorsqu'il s'agit de la gestion de la vie quotidienne? Comment fonctionner ensemble pour l'enfant tout en étant séparé?

1. Communiquer avec son ex

« Communiquer suppose aussi des silences, non pour se taire, mais pour laisser un espace à la rencontre des mots »

Jacques Salomé

Aude **et** *Matthieu* échangent des textos
Vendredi 15 mars 2024 17h54
M : J'arrive. Suis en bas
A : OK
Samedi 16 mars 2024 15h43
M : Tout va bien
A : Merci
Dimanche 17 mars 17h50
M : On arrive
A : OK, je descends

a. Penser à l'intérêt des enfants

Lui écrire, lui téléphoner, répondre à son dernier mail... tout mais pas ça ! On s'est séparé, on n'a plus envie d'avoir de contacts, d'informations, de nouvelles de l'autre. Parfois, un simple texto devient épidermique et nous hérisse tellement que l'on a du mal à garder son sang-froid : « Qu'est-ce qu'elle veut encore », « Qu'est-ce qu'il a encore à me dire après tout ça ? »...Vous ne l'aimez plus, il vous énerve, elle vous hérisse... mais malgré tout, vous ne pouvez pas mettre en place le zéro contact avec votre ex. Vous l'aurez compris, il va falloir prendre sur vous, apprendre à lâcher prise et faire des efforts pour continuer de communiquer avec le père ou la mère de vos enfants, tout cela dans leur intérêt.

b. Développer des relations correctes et cordiales

Vous n'êtes pas tenu de rendre compte minute après minute de ce qu'il se passe quand vous avez la garde des enfants. Vous n'êtes pas obligé de répondre aux textos passé une certaine heure de la soirée ou de la nuit. Et personne ne vous force à répondre au téléphone quand votre ex appelle.

En revanche, il est nécessaire de pouvoir échanger sur des décisions importantes, des annonces en lien avec la santé de l'enfant, des détails pratiques concernant les heures de transition entre les deux maisons. Pour cela, il faut définir un mode de communication qui vous convient à tous les deux. Est-ce par mail ? Par texto ? Par un petit cahier qui circulera d'une maison à l'autre ? Une fois par semaine, les parents peuvent convenir d'un échange et de sa modalité.

Vous pouvez établir un calendrier qui tiendra compte des obligations professionnelles et personnelles de chacun et faire preuve autant que possible de flexibilité. Rappelez-vous, votre enfant a besoin que vous échangiez intelligemment à son propos.

Analyse des outils pour construire une coparentalité

Quelles sont mes envies en termes de mode de communication ? Avec quels moyens de communication je me sens le plus à l'aise ?

- ☐ L'appel téléphonique
- ☐ Les textos
- ☐ Les mails
- ☐ Le carnet de bord ou le cahier de liaison
- ☐ Les rencontres occasionnelles
- ☐ Les rencontres régulières
- ☐ La médiation
- ☐ Un lieu neutre

☞ **À vous d'écrire le mode de communication que vous aimeriez privilégier et pourquoi ?**

....

....

....

....

....

....

....

....

c. L'accès aux informations

Les parents restent codécisionnaires malgré la séparation. Cela concerne les décisions importantes comme le choix d'école ou de la santé. Les parents doivent dissocier leurs griefs de ce qui se rapporte aux enfants. Lorsque les deux parents conservent l'autorité parentale, l'accès aux informations est aussi une obligation.

Bon à savoir

Les bulletins scolaires doivent être adressés obligatoirement aux deux parents afin de respecter le principe de l'autorité parentale conjointe. Ainsi, si vous êtes séparés et avez un droit de visite et d'hébergement, vous êtes en droit de demander l'envoi des bulletins à votre domicile.

d. Se rencontrer pour échanger

Parfois, certains parents souhaitent poursuivre des moments d'échange pour parler de leur enfant et établir une communication sereine après la séparation. L'objectif est de construire cette coparentalité.

Pour ce faire, voici quelques conseils : choisissez ensemble un lieu, comme un café, un parc, etc., et définissez l'heure de début et de fin. Préparez vos remarques ou questions à l'avance pour rester le plus pragmatique possible. Restez à l'écoute et ouverts aux propositions de l'autre même si vous donnez votre avis : le respect mutuel doit être au centre de l'échange. Parlez en utilisant le « je », car on a pour habitude de dire que le « tu » tue l'échange. Évitez les paroles blessantes, négatives ou accusatrices. Soyez précis et évitez les généralités : « jamais », « toujours », etc. Ne vous justifiez pas : la discussion ne mènera à rien et tournera en boucle. Ne vous dévalorisez pas et ne culpabilisez pas.

e. En cas de communication compliquée

Dans certaines circonstances de menaces, de méchancetés, de violence ou de manipulation, l'écriture peut être un outil précieux pour échanger sans laisser apparaître les émotions de colère, peine, peur ou vengeance.

On ne parle pas ici de textos ou de mails envoyés à la va-vite, sans réfléchir ! Il ne s'agit pas d'écrire pour s'envoyer « ses 4 vérités » mais de s'écrire pour échanger autour des enfants. En plus de réguler ses émotions en choisissant ses mots, écrire permet également de mettre à distance les difficultés.

Certains droits de visite peuvent être décidés par un juge si l'enfant est en bas âge ou si l'un des parents n'est pas en capacité de s'occuper ou de le recevoir chez lui. Un espace de rencontre dédié à cet effet peut être aussi déterminé par un juge aux affaires familiales : c'est le lieu médiatisé. La famille y retrouvera des travailleurs sociaux, des thérapeutes familiaux ou encore des psychologues si elle souhaite bénéficier d'un soutien. En règle générale, c'est le juge qui assigne l'association au sein de laquelle le parent concerné devra exercer son droit de visite.

Selon l'article D216-1 du Code de l'action sociale et des familles : « L'espace de rencontre est un lieu permettant à un enfant de rencontrer l'un de ses parents ou un tiers, ou de faire l'objet d'une remise à un parent ou à un tiers. Il contribue au maintien des relations entre un enfant et ses parents ou un tiers, notamment en assurant la sécurité physique et morale et la qualité d'accueil des enfants, des parents et des tiers ».

PETIT PLUS

Lieux neutres ou lieux médiatisés : l'espace rencontre

L'espace rencontre est conçu pour toutes les familles dont le droit de visite est perturbé, difficile ou conflictuel. Ces lieux sont gratuits, aucune participation même symbolique ne peut être demandée. Ainsi, les rencontres entre l'enfant et ses parents ou grands-parents, peuvent se faire dans un cadre neutre, sécurisé et paisible.

Certaines associations, certaines UDAF (Union départementales des associations familiales) peuvent proposer ce lieu d'échange.

Bon à savoir

Attention au conflit de loyauté : l'enfant ne doit pas se retrouver dans une situation où il devrait faire un choix impossible entre l'un ou l'autre de ses parents, et rejeter ainsi l'autre parent.

Communiquer avec son ex-conjoint

Je rédige un message à mon ex-conjoint : check-list du dialogue constructif

Je vérifie avant de l'envoyer que :

- je n'ai jamais réagi « à chaud » ; j'ai laissé au moins une nuit de sommeil pour retrouver mes esprits et lui répondre ;
- j'ai fait le tri entre mes rancunes, mes angoisses, mes projections négatives et les besoins de mes enfants ;
- mon message est précis, concis et sans mots excessifs ou émotifs, un message trop long peut rebuter, énerver et risque de ne pas être lu jusqu'au bout ! ;
- tout est dit clairement et je suis allé(e) droit au but ;
- je suis resté(e) précis(e), vraie, factuel(le) et courtoise, et ce toujours dans l'intérêt de mon enfant ;

- je n'ai pas ajouté des mots en gras, en majuscule, soulignés, surlignés ou écrits en rouge vif ;
- j'évite d'exagérer la ponctuation : ! ! ! ! ! ? ? ? .... ;
- je n'ai mis aucun jugement ou reproche ;
- je ne l'accuse pas mais je donne mon ressenti en utilisant le « je » ;
- je me contente d'un sujet par mail, texto, ou appel téléphonique ;
- je ne réponds pas aux attaques et accusations de l'autre (surtout si elles ne sont pas justifiées) mais je les conserve en cas de besoin et je les communique à mon avocat.

Je reçois un message de mon ex-conjoint

- J'attends le moment qui me convient pour le lire (surtout si vous pensez qu'il est rempli de reproches ou de menaces). Vous venez de recevoir une notification, un appel... fermez quelques instants les yeux et demandez-vous : « Suis-je prêt(e) à écouter, lire ou recevoir un message maintenant ? »
- Tenez compte de votre niveau de fatigue, de vos émotions du moment !
- Tentez de trouver l'objet réel du mail : quelle question veut-il/elle me poser ? Je ne répondrai qu'à la question en restant précis(e), factuel(le) et objectif(ve).
- Si la question ne vous demande pas une grande réflexion (une demande d'ordre matérielle ou organisationnelle pour votre enfant), n'attendez pas pour répondre. Précisez au moins : « J'attends une confirmation et je te réponds demain après-midi », par exemple. N'oubliez pas que vous faites tout cela pour votre enfant.

☞ **À vous d'écrire vos dernières impressions suite aux derniers textos, mails, appels, rencontres**

....

....

....

....

PETIT PLUS

Le mémo des deux maisons

Vous pouvez créer un petit carnet à remplir et à glisser dans le sac de votre enfant au moment de partir chez l'autre parent. Voici quelques idées à noter : l'humeur du moment, les bobos de la semaine, les médicaments à prendre, le coucher et le sommeil, les dernières nouvelles de l'école, les devoirs à faire, les papiers à signer, les nouvelles passions de l'enfant.

Outils pour vous aider :

GARDE du ... /... /... au ... /... /...

☐ Chez maman
☐ Chez papa

À LA MAISON

Routines ou habitudes de l'enfant :

Émotions :

☹ ☹ 😐 ☺ ☺

Santé :

Évènement particulier :

Réponse de l'autre parent : J'ai lu les informations ☐

À LA GARDERIE OU À L'ÉCOLE

Bonnes nouvelles :

Difficultés :

Devoirs à faire :

Réunion ou administratif à suivre :

PETIT PLUS

Le coup de fil du milieu de la semaine

Terminé les fins de journée où vous expliquiez en détail les différents événements de la journée à votre conjoint. Maintenant, c'est chacun de son côté et les échanges finissent par se raréfier. Vous avez peut-être envie ou besoin de prendre des nouvelles de votre enfant en milieu de semaine ? Et votre enfant a peut-être aussi besoin de vous parler car vous lui manquez. Vous pouvez vous accorder avec votre ex-conjoint sur un jour, un moment, une heure bien précise pour l'appeler et prendre des nouvelles de l'enfant. Si vous le souhaitez, appelez-le en visio, votre enfant sera certainement ravi de vous « revoir » quelques minutes. Si au contraire, ce moment est douloureux pour lui, demandez simplement des informations au parent qui a la garde. La visio des devoirs : vous pouvez aider votre enfant certains soirs à faire ses devoirs en lui proposant un échange en visio. Attention à ne pas téléphoner quand il mange ou qu'il est couché.

PETIT PLUS

Les 4 accords toltèques

Voici les 4 accords toltèques imaginés par Miguel Ruiz qui peuvent servir pour faciliter la communication.

1. Utiliser la parole à bon escient.
2. Ne rien prendre pour soi.
3. Ne pas faire de suppositions.
4. Faire toujours de son mieux.

Bon à savoir
Le médiateur familial

Le médiateur familial est un professionnel, impartial et neutre. Il a pour mission d'aider à la construction d'un dialogue entre les parties, mais n'a aucun pouvoir de décision. Il peut exercer au sein d'associations de médiation familiale ou en libéral.

À retenir

- Quel que soit le moyen de communication que vous souhaitez mettre en place, rappelez-vous que vous vous adresserez au père ou à la mère de votre enfant et pas à votre ex-amoureux.
- Préparez à l'avance ce que vous souhaitez aborder avec votre ex-compagnon.
- Adoptez des questions ouvertes qui permettent le dialogue et utilisez la communication bienveillante dans l'intérêt de l'enfant.

2. Gérer les séparations et les retrouvailles

« Un au revoir c'est toujours la chance de se retrouver encore une fois »

Charles Dumont

Perrine est démunie

Mon fils hurlait, pleurait car il voulait rester chez son papa… Il a trois ans et c'est hyper-douloureux pour lui de voir son papa partir. Je pense qu'il ne comprend pas même si je lui explique avec des mots simples. Hier soir, j'ai tenté de lui parler, de le prendre dans mes bras, de lui dire que je l'aimais et que son papa aussi. Mais il répondait : « Non, pas envie », « Veux mon papa »… Il était inconsolable. Et j'étais démunie pour gérer cette situation.

Il n'est jamais facile pour un enfant de passer d'une maison à l'autre ! Que ce soit en fin de semaine, fin de week-end ou de vacances, ce moment est souvent douloureux pour les enfants (et les parents). Il faut donc y réfléchir, anticiper, se préparer pour éviter ou accompagner les larmes lors du départ est primordial.

À vous de créer un fil imaginaire entre les deux maisons, en apportant à votre enfant une écoute attentive et réconfortante.

Réussir la passation : la qualité de l'accompagnement est essentielle pour limiter les larmes au moment du départ. Les enfants n'aiment pas les changements et quel que soit le moment, pour le départ le vendredi soir ou le dimanche soir, ils auront du mal à se séparer de leur parent. Ces situations sont vécues bien souvent comme stressantes pour les petits comme pour les grands. Il est important de prévoir un temps de transition apaisé pour l'enfant d'un parent à l'autre.

PETIT PLUS

Conseils pour le changement de maison

Essayez tout d'abord d'annoncer le changement de maison à l'enfant sans montrer à l'enfant que vous pourriez appréhender le moment.

Pour les plus jeunes qui n'ont pas encore la notion du temps, ne le prévenez pas trop tôt. Pour les plus grands, utilisez un calendrier pour qu'ils se repèrent.

Imaginez la passation dans un lieu que l'enfant aime (aller au parc, à l'aire de jeu, au manège...). Il jouera un moment avec un parent et terminera avec l'autre.

L'attitude positive du parent au moment de la séparation est primordiale car elle sécurise l'enfant.

Prévoyez un objet transitionnel, tel qu'un doudou qui suit l'enfant quelle que soit son adresse. Pour les plus grands, cela peut être une photo ou une lettre de l'autre parent.

Acceptez les émotions de l'enfant : il a le droit de pleurer ou de montrer qu'il n'est pas content.

Au moment des retrouvailles, s'il ne veut pas vous voir et réclame l'autre parent, ne le prenez pas contre vous. Dites-vous : « Il m'indique qu'il n'est pas bien, c'est lui qui ne va pas bien ». Acceptez sa colère, sa tristesse, son silence... et accueillez ces émotions avec bienveillance.

Établissez une petite routine au moment des retrouvailles : faites-lui par exemple une petite surprise (qui ne sera pas forcément un cadeau acheté), préparez-lui son plat préféré, rangez ses jouets, invitez de temps en temps un ami à la maison, empruntez des livres ou des BD à la bibliothèque, sortez les albums photos de son enfance, jouez à un jeu de société...

Si l'enfant rentre tard, les parents peuvent s'arranger pour qu'il mange et prenne sa douche avant de changer de maison. Ainsi le parent qui retrouve son enfant peut passer du temps de qualité. Il ne sera pas préoccupé par les tâches du quotidien mais privilégiera l'écoute et les moments de complicité.

Utiliser des « mots qui font du bien », des mots tout doux qui réchauffent le cœur de votre enfant : racontez-lui un souvenir rigolo de votre enfance (une de vos petites bêtises par exemple), partagez, le temps d'une soirée, des blagues ou devinettes, prévoyez un moment de câlin ou un moment d'échanges avec votre ado...

PETIT PLUS

Je raconte l'histoire « Relions nos deux maisons » à mon enfant (entre 4 et 8 ans)

Tom et Louisa sont frères et sœurs, ils se chamaillent souvent mais s'aiment beaucoup. Depuis un mois, ils ont deux maisons : la maison de papa et la maison de maman.

Il n'a pas été facile pour eux de comprendre ce qu'il se passait. Tom a beaucoup pleuré et Louisa a posé de nombreuses questions : « Mais nous, avec Tom, nous allons vivre où ? », « Mais cela va se passer comment ? »... Elle avait peur de tous les changements. Louisa aurait aimé que son papa et sa maman restent encore un peu ensemble. Tom lui, n'a rien dit, il a pleuré dans son lit, tout seul. Jusqu'au jour où son papa l'a vu et lui a fait un gros câlin en lui disant : « Tu sais, on t'aimera toujours très fort avec ta maman, tu es précieux pour nous ».

Depuis le déménagement, tout est bousculé ! De nouvelles chambres, de nouvelles habitudes, un papa que l'on ne voit plus... à moins que ce ne soit une maman que l'on ne voit plus en fonction des semaines. Tom et Louisa ont eu du mal à s'habituer.

Louisa continuait de poser mille et une questions et Tom gardait toujours un peu de tristesse au fond de son cœur en pensant que « plus rien ne serait comme avant ».

La séparation des parents ne faisait plaisir ni à Louisa, ni à Tom.

Un beau matin, Maman a eu une idée : « Je vois bien que vous êtes peinés par notre séparation avec votre papa, le changement est difficile à comprendre et à accepter pour vous. Et si nous relions nos deux maisons ? »

« Relier nos deux maisons ? Mais ce n'est pas possible, comment faire ? », s'exclama Louisa qui était déjà en train de poser plein de questions.

Tom prit la parole et dit : « Ce que maman veut dire c'est de trouver un lien imaginaire entre nos deux maisons ». « Je ne comprends pas, rétorqua Louisa. « Tom c'est impossible, tu dis n'importe quoi ! ».

« Si c'est possible dit maman, Tom a raison, un lien imaginaire entre vos deux lieux de vie. Chez papa il y aura des habitudes autres que chez maman. Peut-être que les règles de vie ne se ressembleront pas. Il y aura des différences. Mais nous pouvons trouver une ressemblance. Un moment que nous mettrons en place chez papa et chez maman. Votre papa est d'accord, venez je vous explique. »

Louisa et Tom s'approchèrent de maman pour mieux l'écouter, celle-ci ouvrit ses bras et leur fit un gros câlin. « Voilà, poursuivit-elle, tous les jours, que vous soyez chez papa ou chez maman, il y aura un temps précieux pour chacun d'entre vous. Un moment tous les soirs, où vous serez seuls soit avec maman, soit avec papa. C'est à vous de décider de l'activité ou du sujet de discussion que vous souhaitez faire ou partager avec votre parent pendant ce temps précieux. »

Les enfants se réjouirent de cette belle nouvelle. « Un temps juste avec moi ? », répétait Louisa pour être certaine de bien comprendre. « Oui, tous les jours, un temps pour toi, que tu sois ici chez moi ou avec ton papa ». Tom, lui, ne dit rien, mais ses yeux pétillaient de joie à l'idée de décider des activités qu'il allait bien pouvoir faire avec sa maman et son papa.

À retenir

Pour mieux vivre les transitions

- Il n'est jamais facile pour un enfant de passer d'une maison à l'autre, la qualité de l'accompagnement est donc importante pour éviter les larmes.
- Construisez un pont psychologique entre les deux maisons : en apportant à l'enfant de l'écoute, du réconfort. Il doit compter sur vous pour accueillir ses émotions : tristesse, colère, bouderie, excitation, opposition, refus, mensonge... L'enfant peut avoir plusieurs réactions fortes.
- Préparez les retrouvailles avec une petite attention : préparez le plat préféré de l'enfant, invitez une grand-mère ou un copain à la maison, proposez-lui de partager un moment plein de douceur.
- Ne vous vexez pas si l'enfant rétorque : « C'est mieux chez papa... ou chez maman ! ». Plus vous vous offusquerez, plus il jouera sur cette corde sensible.

3. Deux maisons, deux éducations ?

« Le désaccord pourrait être le chemin le plus court entre deux opinions »

Khalil Gibran

Sophie n'a pas la même vision de l'éducation que son ex Mon ex se plaint souvent de ne pas les voir assez mais à côté de ça, quand il les a, il les met devant les écrans (Pat Patrouille sur son téléphone qu'il donne au petit de 2 ans et demi et qui file dans sa chambre avec...).

C'est difficile de lui expliquer que les écrans ne sont pas pour les enfants de moins de trois ans. Nous n'avons pas les mêmes exigences ni les mêmes règles.

a. La coparentalité ou l'art d'être parent ensemble au-delà de nos différences

La coparentalité, c'est exercer ensemble son autorité parentale même en étant séparé ou divorcé. Chose aisée sur le papier, moins facile dans la vraie vie ! En pratique, cela veut dire que les parents « s'entendent » encore suffisamment pour échanger avec respect, et acceptent de faire des compromis pour s'accorder sur des principes éducatifs.

Il y aura peut-être (ou certainement) des désaccords ou des tensions. Si l'autre parent est plus ou trop permissif, s'il a une autre vision de l'éducation, s'il ne veut pas prendre les mêmes décisions... Les principes éducatifs font souvent partie des sujets de conflit. Le principal écueil serait de vouloir une éducation identique chez chaque parent, alors qu'il faut peut-être admettre que l'enfant va recevoir une éducation complémentaire. Il est donc important d'accepter que l'autre fasse différemment tout en tentant de s'accorder sur des grandes lignes en matière de sommeil, d'alimentation, de droit de sortie ou de temps d'écran. Il s'agit de devenir complémentaires sans devenir concurrents. Essayez de lâcher prise, d'écouter et de faire des compromis.

b. Même séparés, formons une équipe

Comment débuter une démarche basée sur des consensus de chaque côté ? Pour tenter une coparentalité, il va falloir manier quelque peu l'art de la négociation et du compromis pour trouver ensemble des solutions acceptables qui respectent les attentes de chacun. Il faut donc apprendre à faire des compromis à distance.

1. Nul besoin d'être d'accord sur tout : choisissez vos batailles. Qu'est-ce qui vous semble tolérable et intolérable ? Votre ex-conjoint n'aura peut-être pas les mêmes attentes que vous.

2. Définissez vos valeurs éducatives : quand votre enfant sera adulte, que voulez-vous qu'il retienne de votre éducation ? Voici quelques valeurs : l'affection, l'altruisme, l'amabilité, l'amitié, l'amour, l'authenticité, la bonté, la bravoure, la collaboration, le courage, la convivialité, la compassion, la créativité, la curiosité, le devoir, la découverte, la douceur, la droiture, l'efficacité, l'émerveillement, l'entraide, la famille, la fidélité, la foi, la franchise, la générosité, la gentillesse, l'honnêteté, l'humilité, l'humour, l'indépendance, l'innovation, l'intégrité, la justice, la liberté, la loyauté, la non-violence, l'optimisme, la ponctualité, la pondération, la persévérance, la patience, le plaisir, le respect, le self-control, la serviabilité, la simplicité, la sincérité, la ténacité, le travail, l'unité, la volonté... Vos principales valeurs sont-elles respectées? Votre ex-conjoint a-t-il des valeurs qui ressemblent aux vôtres? Comment s'accorder en choisissant quelques valeurs et en acceptant de suivre d'autres valeurs, importantes pour le père ou la mère de vos enfants?

Voici un tableau qui vous aidera à définir ces valeurs.

Mes valeurs éducatives	Les valeurs de mon ex-conjoint	Nos 6 valeurs prioritaires et communes

Pour remplir au mieux ce tableau, posez-vous ces questions :

- les valeurs que je désire enseigner à mes enfants sont-elles claires pour moi?
- est-ce que : je discute régulièrement avec mon ex-conjoint, j'écoute son opinion, je cherche à connaître ses valeurs, ses préoccupations et je lui fais part des miennes?

- mon ex-conjoint et moi avons-nous des valeurs éducatives similaires ?
- sur quelles valeurs sommes-nous d'accord ?
- suis-je un bon modèle quant aux valeurs que je désire transmettre à mes enfants ? Est-ce que je fais moi-même ce que je leur demande de faire ?
- les règles de la maison sont-elles en lien avec mes valeurs ?

1. Ma vision éducative : chaque parent a sa vision, consciente ou non de l'éducation et de la vie qu'il souhaite pour son enfant. C'est un peu comme si l'on indiquait une destination sur le GPS : sans lieu d'arrivée, on finit par tourner en rond et ne plus avancer. Mais bien souvent, les parents séparés oublient de partager leur vision éducative avec l'autre parent.

- Ai-je réfléchi à ma vision éducative, à quel avenir je souhaite pour mon enfant ?
- Est-ce que mon ex-conjoint partage un idéal proche de ce à quoi j'aspire ?
- Est-ce que je lui ai déjà expliqué ma vision ?

2. Réfléchir à son style éducatif : suis-je un parent autoritaire ? Conciliant ? À l'écoute ? Disponible ? Sensible ? Démocratique ? Laxiste ? Quel est mon style éducatif dominant ?

- À quel moment de ma vie de parent suis-je plutôt autoritaire ? Conciliant ?... Laxiste ?
- Est-ce que j'adapte mon style éducatif à chaque situation ?
- En quoi le style éducatif de mon ex-conjoint ressemble au mien ? En quoi ou à quel moment il diffère ?

3. Viser la complémentarité : vous ne serez jamais d'accord sur tout ! Il n'y a pas de manière unique d'élever un enfant. Chacun va agir selon son éducation, sa personnalité, sa sensibilité, son expérience... Le fait d'accabler l'autre parent de reproches, de critiques ne permettra pas d'établir un échange constructif. Être complémentaire signifie d'accepter les différences : « Oui chez maman c'est comme cela, mais pas chez moi », « Oui, ton papa le permet mais pas moi, mais les deux manières de penser et de procéder vont te permettre de voir plusieurs facettes de l'éducation. »

4. Fixer des objectifs éducatifs précis : c'est le but concret que l'on souhaite atteindre en mettant en place des actions au quotidien. « Mon enfant est fatigué ? J'avance de 30 minutes l'heure du coucher », « Ma fille a du mal à réviser ses leçons d'anglais, je trouve un étudiant pour l'aider quelques heures »... Vous pouvez aborder une difficulté avec votre ex-conjoint mais surtout, mettez en place des actions communes dans l'intérêt de l'enfant.

5. Évitez les projections sur les rôles parentaux : « Le père doit être autoritaire », « La maman est là pour les câlins »... En cas de séparation, vous allez assurer tous les rôles parentaux. Ces rôles parentaux sont souvent en lien avec les images que l'on a intériorisées dès notre enfance. S'en départir permet d'éviter aussi de les projeter sur l'autre parent.

Pour que la coparentalité ne se transforme pas en règlement de compte par enfant interposé (du type : « Ma manière d'éduquer est meilleure que la tienne... »), il est indispensable de sortir de cette dualité où l'on pense qu'un des deux parents sortirait gagnant. À ce jeu-là, personne n'en sort victorieux... et encore moins l'enfant.

Les permissions et les interdits : chaque maison a ses règles de vie, les règles de vie constructives, la famille solo, comment installer un quotidien rassurant dans chaque maison ?

Bon à savoir
5 C pour définir des règles de vie

Afin d'être comprises par les enfants, les règles de vie d'une mission doivent être :

- **courtes** : une ou deux missions par semaine suffisent. Si vous faites une longue liste, personne ne va les retenir ;
- **claires** : les enfants doivent les comprendre et savoir ce qu'il faut faire ;

- **constantes** : quel que soit le jour… ou votre humeur, elles s'appliquent ;
- **cohérentes** : faites aussi ce que vous demandez aux enfants ;
- **centrées sur le positif** : dites ce qui est permis de faire et non pas ce qui est interdit. Les règles sont formulées à l'affirmatif : « On marche dans le salon » plutôt que « Il est interdit de courir », par exemple.

Je réfléchis à mes règles familiales

À la maison :
Nous nous écoutons attentivement.
Nous nous respectons les uns et les autres.
Nous faisons de notre mieux.
Nous nous disons « Je t'aime ».
Nous apprenons à nous excuser.
Nous acceptons d'être différents.
Nous acceptons les pensées différentes des autres.
Nous avons le droit de nous tromper, de faire des erreurs.
Nous nous disons bonjour le matin et bonne nuit le soir.
Nous avons des moments câlins.
Nous partageons des moments ensemble.
Nous rangeons chacun notre chambre.
Nous aidons au ménage et à la préparation des repas.
Nous sommes polis : merci, s'il te plaît.
Nous demandons de l'aide si besoin.
Nous apprenons à exprimer nos émotions.
Nous proposons de l'aide.
Nous respectons l'avis de chacun.
Nous sommes honnêtes.
Nous prenons soin des autres.
Nous prenons soin des objets.
Nous pardonnons même si c'est dur.
Nous rions tous les jours.
Nous prenons soin des animaux.

Nous croyons en nous.
Nous chuchotons en fin de journée.
Nous dansons tous les matins une minute pour nous donner de l'énergie.
Nous chantons sous la douche.
Nous faisons des blagues.
Nous écrivons un mot rare toutes les semaines sur le frigo et nous tentons de le retenir : par exemple, « amphigouri », à savoir : « discours ou écrit burlesque, volontairement obscur ou incompréhensible ». Mais aussi « pétrichor », « aglet », « pandiculer », « enchifrener »...

☞ **J'écris mes règles de vie en fonction de mes valeurs éducatives et ce que j'attends de mes enfants**

....
....
....
....
....
....
....
....

Les règles de vie... on en parle avec son ex-conjoint : voici un tableau qui vous permettra de définir les règles dans une maison et dans l'autre.

Mes règles de vie propre à ma maison	Les règles de vie chez mon ex-conjoint	Les règles de vie communes aux deux maisons

À retenir

Le plan de vol éducatif

Les règles de vie de votre maison seront peut-être différentes de celles de votre ex-conjoint.

- Réfléchissez à vos valeurs : ce que vous souhaitez transmettre à vos enfants.
- Réfléchissez à vos règles de vie : une ou deux missions par semaine que tout le monde essaye de relever.
- Échangez avec votre ex-conjoint : remplissez le tableau des valeurs et des règles de vie, notez celles qui vous sont propres et celles sur lesquelles vous vous rejoignez. On dit souvent qu'il « faut de tout pour faire un monde » : les différentes visions éducatives des parents ne seraient-elles pas, finalement, une force pour les enfants ?
- Annoncez à votre enfant les règles de vie de votre maison.

4. Les enfants aiment la routine !

« Ma seule routine est de ne pas avoir de routine »

Jackie Kennedy

Yann veut s'organiser mieux

Des astuces pour ne plus être dans le jus le matin pour l'école ?

J'en ai un peu marre d'être désagréable avec les enfants le matin parce qu'on est toujours en retard… J'aimerais mettre en place des routines, avez-vous des idées ?

Vous n'aimez pas la routine ? Les enfants l'apprécient ! Quand ils font tous les jours les choses au même moment, ils savent ce qu'il va se passer dans leur vie. Les routines sont d'autant plus importantes qu'ils vivent dans deux maisons, et que leur vie change parfois du tout au tout entre les deux univers.

Voici un exemple de routine : réveil vers 7 heures, séance de câlins avec maman ou papa, petit-déjeuner, enfilage des vêtements préparés la veille, brossage des dents, préparation du sac pour l'école avec le goûter, 5 minutes de jeu et départ à 8 heures.

Les routines sécurisent et réconfortent les enfants, car elles leur procurent de la stabilité et leur permettent de prévoir ce qui s'en vient. Ils ont l'impression d'avoir un pouvoir sur leur quotidien. Ils deviennent plus rapidement autonomes et vivent moins de stress et d'anxiété. Ces routines leur permettent de se repérer dans le temps et rendent la vie familiale plus facile.

Créer des routines

Je réfléchis à toutes les actions que mon enfant doit faire avant d'aller à l'école

1. L'heure du réveil

Le câlin du bonjour

Le passage aux toilettes

Le petit-déjeuner

Le lavage des dents

L'habillage

Le temps de jeu récompense l'enfant qui est prêt 5 minutes avant de partir

La préparation du sac pour l'école

2. La routine du soir avant de se coucher

Le goûter

Le temps de sport ou de jeu qui permet de bouger, de s'aérer avant de faire les devoirs

Le temps des devoirs

Un moment de jeux

La préparation du repas

Le repas

Le lavage des dents

L'histoire et le câlin du soir

Le passage aux toilettes

Le coucher

☞ **J'écris ma routine et je la présente à mon enfant**

....

....

....

....

....

....

....

....

....

PETIT PLUS

Je peux rendre la routine attirante ou amusante en :

- en prenant des photos de mon enfant à chaque étape ;
- en jouant à « Jacques a dit » pour annoncer la suite des choses à faire ;
- en chantant ou en mettant une musique pour indiquer le temps du lavage des dents.

PETIT PLUS

Tuto pour fabriquer la routine du soir (ou du matin)

Acheter une feuille de papier à dessin épaisse format A4.

La plier en deux dans le sens de la largeur.

Tracer des bandes de largeurs égales sur la partie basse.

Découper entre chaque bande en s'arrêtant au milieu de la feuille et les replier.

Sur la partie haute, écrire avec l'enfant tout ce qu'il doit faire avant d'aller se coucher et à l'arrière de chaque languette (de la partie basse), noter le mot « FAIT ». Ce dernier apparaîtra quand l'enfant aura terminé sa tâche et qu'il aura relevé la languette.

Vous pouvez prévoir des aimants sur les parties hautes et basses pour que les languettes puissent tenir fermées (ou du scratch).

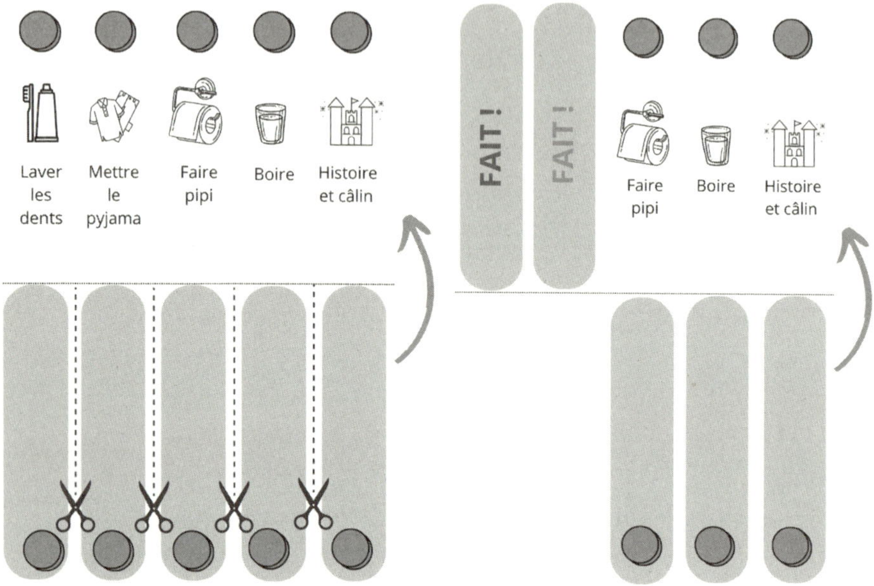

À retenir

J'aime la routine

La journée est rythmée par des rituels, des gestes ou des événements qui reviennent chaque jour dans le même ordre et bien souvent à la même heure. Le quotidien devient prévisible et l'enfant se sent en sécurité.

- Généralement, les enfants n'éprouvent pas de difficultés à avoir deux routines différentes dans chaque maison tant qu'elles sont expliquées et respectées dans le temps.
- Il n'est jamais trop tard pour mettre en place une routine.
- Servez de modèle en suivant également les routines.
- Impliquez votre enfant pour qu'il réalise avec vous une routine efficace le matin avant d'aller à l'école et le soir en rentrant.

PETIT PLUS

Mettre en place la poutre du temps de Maria Montessori

(Document téléchargeable gratuitement sur le site Hop'Toy's[6])

Cette poutre du temps reprend tous les mois de l'année, les saisons, les jours d'école ou les week-ends. Elle vous permet de coller des photos des bons moments passés avec votre enfant et d'indiquer les jours chez l'autre parent. Vous pouvez aussi opter pour un semainier affiché sur le frigo qui indiquera le temps passé en votre compagnie.

5. Favoriser la réussite scolaire

« Il faut lui donner juste assez de soutien pour qu'il puisse avancer, pas trop parce que le parent va faire la tâche à la place de l'enfant, mais assez pour qu'il puisse connaître des succès »

Roch Chouinard

Naïma s'en veut

Ma fille de 8 ans est en CE2. Je rentre à 18 heures le soir, ce qui est relativement tard pour faire les devoirs ou revoir les choses ensemble.

Je regarde rapidement les cahiers mais pas trop non plus, c'est toujours la course en fait.

J'ai le sentiment d'être à la ramasse, de ne pas suivre son programme scolaire. Je culpabilise de cela. D'autres parents ressentent-ils la même chose ?

a. Comment s'organiser pour faire les devoirs quand on rentre tard ?

Les devoirs ne sont pas pour les parents ! Il ne vous est pas demandé de faire les devoirs à la place de votre enfant. En primaire, vous pouvez leur donner des méthodes pour recher-

6. https://www.bloghoptoys.fr/la-poutre-du-temps-montessori-telecharger

cher des informations, pour s'organiser, pour mémoriser... mais au fil des classes, il faut commencer doucement à les laisser travailler seuls.

1. Un temps dédié aux devoirs

Quand faire les devoirs ? Est-il possible de s'avancer le week-end ou le mercredi ?

2. Une heure de début et une heure de fin

Quand les devoirs s'éternisent, les enfants perdent toute motivation et finissent par traîner avant de commencer. Il est important de demander en début d'année à l'enseignant ou au professeur principal au collège, combien de temps faut-il pour faire les devoirs. Indiquez à votre enfant qu'il fera tous les soirs (si cela est possible en fonction des activités extrascolaires) ses devoirs de telle heure à telle heure.

3. Où faire ses devoirs ?

Certains enfants aimeront le calme de leur chambre, d'autres préféreront le bruit et l'agitation de la cuisine. L'essentiel est d'en parler et de définir le lieu qui permettra le meilleur apprentissage.

4. Se concentrer pour faire ses devoirs

L'enfant a besoin d'un bureau et d'un stylo. Il vaut mieux écarter toutes les distractions qui sont sur le bureau. On peut proposer un casque antibruit et placer le bureau contre un mur plutôt que face à une fenêtre par exemple.

5. Avec qui faire ses devoirs ?

Idéalement la personne la plus calme de la famille, si vous avez la possibilité de déléguer à un grand-parent, à une baby-sitter, ou en laissant l'enfant à l'étude ou au soutien scolaire, n'hésitez pas !

6. Comment faire les devoirs ?

Lire ses leçons ne suffit pas à les retenir : « On ne retient que 10 % de ce qu'on lit » d'après le cône des apprentissages de Dale.

Chaque enfant apprend différemment : certains auront besoin de réciter, d'autres de bouger, de chanter, d'écrire, de dessiner les mots importants, de chercher par eux-mêmes, de manipuler, de voir une vidéo... À vous de proposer à votre enfant plusieurs méthodes pour mieux retenir.

b. Comment assurer le suivi des devoirs entre les deux maisons ?

Mieux communiquer sur les devoirs

Je réfléchis aux outils et astuces pour mieux communiquer avec l'autre parent au sujet des devoirs.

On peut :

- partager un calendrier électronique ou une application « partage des tâches » indiquant si certains devoirs n'ont pas été terminés ou sont à revoir ;
- écrire quelques mots dans l'agenda papier de l'enfant ;
- échanger des courriels réguliers ;
- créer un groupe WhatsApp entre toutes les personnes qui aident au moment des devoirs.

☞ **Je note ce qui fonctionne le mieux**

....

....

....

....

....

....

....

....

....

....

PETIT PLUS

Quiz : Vrai ou Faux ?

- Seul le parent qui vit avec l'enfant reçoit ses résultats scolaires ? Faux. L'Éducation nationale doit entretenir avec les deux parents, même séparés, des relations de même nature et leur faire parvenir les mêmes documents.
- Dans le cas d'une garde partagée, les deux parents peuvent se rendre aux réunions parents-professeurs ? Vrai. Lorsque les deux parents ont l'autorité parentale, ils sont tous les deux invités à se rendre aux réunions proposées par l'école.
- Toute décision concernant l'orientation de l'enfant nécessite l'accord des deux parents ? Vrai. Toute décision en lien avec l'orientation de l'enfant est considérée comme un acte important (autrement dit, non usuel), car il engage son avenir. Les deux parents doivent alors donner leur accord.
- Les deux parents doivent obligatoirement excuser leur enfant en cas d'absence scolaire ? Faux. Un seul parent peut prévenir l'école, c'est considéré comme un acte usuel aux yeux de la loi.
- Seul un des deux parents peut être représentant de parent d'élève ? Faux. Quel que soit le statut matrimonial du parent, il peut être parent délégué de la classe.
- Le parent séparé qui a la garde d'un enfant peut-il le changer d'école sans l'accord de l'autre ? Faux. C'est une décision importante, il faut l'accord préalable de l'autre parent avant de changer d'école.

PETIT PLUS

Quelques astuces pour rendre le temps des devoirs plus fun

Le journal télévisé : vous êtes le journaliste et vous interrogez l'enfant sur son cours. N'hésitez pas à filmer le moment et à l'envoyer aux grands-parents !

La pièce de théâtre : un chapeau, une cape, un accessoire… et le tour est joué : votre enfant monte sur les planches et récite son cours. N'oubliez pas de l'applaudir à la fin.

Cow-boy à la maison : assis sur un tapis dans le salon comme les cow-boys autour du feu, on raconte sa journée d'école et on explique les leçons que l'on a découvertes.

Bulle zen : on éteint les lumières, on met des bougies, de la musique douce, des huiles essentielles, une bouillotte chaude sur les épaules de l'enfant. Il se détend, ferme les yeux et votre douce voix lui souffle à l'oreille la leçon qu'il doit apprendre.

C'est moi le prof : votre enfant devient le professeur, il vous pose des questions sur son cours, vous corrige, vous fait répéter sa poésie... en mettant le ton et en faisant les liaisons. N'oubliez pas de lui demander quelle note vous méritez à la fin de la récitation.

En rythme : un, deux, trois, on s'étire, on répète les phrases de la leçon tout en bougeant, en sautant ou en se lançant un ballon.

À retenir

Favoriser la réussite scolaire de son enfant

- Mettez en place une routine des devoirs, un lieu, un horaire, une personne qui supervise...
- Accompagnez-le et donnez-lui les outils pour apprendre et faire seul ses devoirs.
- Investissez-vous auprès de l'école en participant aux réunions et en prenant rendez-vous avec le ou les professeurs.
- Imaginez d'autre manière d'apprendre en rendant le moment des devoirs un peu plus fun pour augmenter la motivation de l'enfant.

6. Survivre aux temps des fêtes

« Les plus belles fêtes sont celles qui ont lieu à l'intérieur de nous »

Frédéric Beigbeder

Camille cherche des idées

Comment gérez-vous les fêtes de fin d'année niveau solitude ? Pour le nouvel an, je vais être seule avec mon fils, personne de disponible, personne ne me propose quelque chose... Et je ne le vis pas très bien, une soirée de fête dans la solitude... Du coup je suis à la recherche d'idées pour organiser une soirée un peu spéciale avec mon fils chez moi.

a. Seul pour les fêtes ?

La solitude en temps de fêtes est une réalité pour de nombreux parents solos. Ce qui énerve le plus, c'est de recevoir un texto souhaitant un joyeux Noël ou une bonne année ! Les fêtes de fin d'année restent souvent un moment particulièrement complexe à gérer tant sur le plan organisationnel qu'émotionnel. Est-ce que les enfants seront chez l'autre parent ? Est-ce que l'on va « tenter de se partager » le temps pour les voir tous les deux ? En tout cas, nous sommes loin des feuilletons de Noël avec la cheminée allumée, les décorations sur le sapin, un papa, une maman, des enfants et... un labrador !

Le 24 chez maman, le 25 chez papa ou l'inverse ? Les années paires, la semaine de Noël est chez le père, et chez la mère les années impaires ou l'inverse ? Il existe de nombreuses possibilités avec quelques compromis à la clé. Néanmoins, être un parent séparé implique de passer certains réveillons ou fêtes seul... enfin sans son enfant. Le plus important est d'anticiper et d'en parler avec votre ex-conjoint à l'avance afin de pouvoir annoncer à l'enfant comment les fêtes vont se passer : « Nous serons chez papi et mamie cette année le dimanche de Pâques et le lendemain, le lundi, tu seras avec ton papa et tes cousins pour chercher les œufs dans le jardin de tes autres grands-parents ». « Nous allons changer les week-ends pour que tu sois avec ta maman pour la fête des mères et avec moi pour Noël. Et les cadeaux t'attendront sous le sapin chez moi pour que tu viennes les ouvrir ».

b. Comment réapprendre à vivre seul ces temps festifs ?

1. Rester positif pour l'enfant

Pas question de montrer votre triste mine à l'enfant qui s'amuse chez l'autre parent ! Il a le droit d'être heureux et de profiter. Prenez une grande inspiration, allumez une bougie avant de faire une visio et de lui souhaiter de passer un beau moment, de lui rappeler que vous l'aimez et que vous ferez bientôt la fête aussi avec lui.

2. Se faire plaisir malgré tout

Quelques toasts, une portion de dinde aux marrons, une tranche de bûche... vous trouverez des portions individuelles dans les commerces. Un peu de musique, un bon film à la télé, un livre que vous rêvez de terminer ? Profitez de ce temps pour prendre soin de vous. Qu'est-ce qui vous ferait plaisir malgré tout ?

3. Se détacher de la date

Qui a dit que l'on ne pouvait pas faire la fête d'autres jours ? Le plus important est de trouver un autre moment pour organiser un moment festif. Apprenez à personnaliser les fêtes et à les organiser à votre manière.

4. Pas de surenchère aux cadeaux

Évitez la comparaison et la compétition avec votre ex-compagnon au sujet des cadeaux. On n'achète pas l'amour et la complicité avec son enfant. Les montagnes de cadeaux ne combleront pas l'absence. Au contraire, votre attitude positive, souriante, réconfortante sera plus efficace pour chasser le chagrin chez les plus petits. Si c'est possible, répartissez-vous les cadeaux : séparez la liste en deux au lieu de la doubler.

5. Une fête différente

Vous n'êtes pas obligé de faire « comme avant, quand on était ensemble ». C'est le moment d'imaginer une fête qui vous ressemble, d'organiser une fête magique mais différente. Faites place à votre imagination, laissez parler votre créativité. Passer les fêtes sans son enfant est bien souvent difficile, mais vous devrez vous y habituer. Bien souvent, la première année est la plus compliquée. Être parent solo exige une bonne dose d'adaptation, une pointe de créativité, un soupçon de recul mais surtout beaucoup d'amour à transmettre à son enfant. Vous l'aurez compris : à vous de changer les traditions pour redonner aux fêtes un sens nouveau.

c. Comment gérer le casse-tête du calendrier et permettre aux enfants de le visualiser ?

PETIT PLUS

Exemple d'**organisation des vacances et jours fériés**

	Tous les ans	Année paire	Année impaire	Heures de départ/arrivée
Jour de l'an	Les enfants alternent selon les années paires ou impaires.	Chez le père	Chez la mère	À 18 heures
Vacances de février	Chez leurs grands-parents maternels la première semaine et paternels la seconde.			À la sortie de l'école, après la dernière heure de cours avant les vacances.

Fête des grands-mères		Grand-mère paternelle	Grand-mère maternelle	Arrivée la veille au soir chez le parent concerné.
Vacances de Pâques				
Dimanche et lundi de Pâques				
1er mai				
8 mai				
Fête des mères				
Ascension				
Fête des pères				
Pentecôte				
Grandes vacances d'été				
14 juillet				
15 août				
Vacances de la Toussaint				
1er novembre				
11 novembre				
Vacances de Noël				
Noël				

Bon à savoir
Fêter avec son ex, est-ce une bonne idée ?

Certains parents décident de se retrouver pour les fêtes pour faire plaisir à leurs enfants. Pour cela, il ne faut plus ressentir d'émotions fortes, de peine, de colère, de rancœur contre son ex-conjoint. Chaque parent doit être capable de gérer ses émotions devant les enfants. De plus, il faut bien expliquer aux enfants que cette rencontre est exceptionnelle et que cela ne veut pas dire que vous reviendrez ensemble, pour ne pas créer de la confusion dans l'imaginaire de l'enfant.

Différentes manières de passer de bons moments en solo

Voici quelques conseils pour apprendre à mieux vivre seul :

- accepter ses émotions : j'ai le droit d'être triste, déprimé(e), fâché(e), contrarié(e), etc. ;
- fuir les réseaux sociaux qui vous rappellent que vous êtes seul(e) ;
- faire une bonne action ou du bénévolat : de nombreuses associations recherchent de l'aide ces jours-là ;
- se chouchouter en se faisant plaisir : un masque de beauté, lire un livre ou un magazine, boire un thé, chiller sur le canapé, etc. ;
- passer du temps dans la nature : sortir prendre l'air, courir sur la plage, grimper au sommet d'une montagne, faire du vélo en forêt, etc. ;
- rester connecté à ses proches : rendre visite aux grands-parents, au petit-cousin, à l'oncle ou à la tante que l'on n'a pas vus depuis des lustres ! Faire une visio avec ses enfants ;
- faire du sport : courir, marcher, skier, nager, aller à la salle, faire de l'équitation… Qu'aimeriez-vous faire ? ;
- finir quelque chose que l'on a commencé : la lecture d'un livre, un puzzle, la réparation d'un objet, le bricolage à la maison, la déco du salon, le relooking d'un vieux meuble, etc. ;

- débuter un nouveau projet : se lancer dans une activité sportive, artistique, musicale ? Rejoindre une association ? Organiser une action ou une sortie avec ses voisins ? Ramasser les déchets dans la rue ou à la campagne ?

Pour mieux anticiper ces moments de solitude, planifiez les mois à venir : faites une carte mentale, une *to do list* de vos projets, de vos envies, de vos futures rencontres.

Un dernier conseil : offrez-vous un cadeau. N'est-on pas « jamais mieux gâté que par soi-même » ? C'est peut-être le moment de se faire plaisir.

☞ **Je note ce que j'aimerais faire**

....

....

....

....

....

....

....

....

....

....

À retenir

Les fêtes autrement

- Anticipez les moments de fêtes et échanger avec l'ex-conjoint sur l'organisation des dates, des lieux, des transports, etc.
- Expliquez aux enfants ce qui va se passer, affichez l'organisation pour leur permettre de visualiser et de se souvenir du planning.
- Trouvez d'autres manières de faire la fête et continuez de prendre soin de vous.

Étape 3

Le temps de la reconstruction

1. Pour une nouvelle vie

« Nous ne voyons pas le monde tel qu'il est, mais tel que nous sommes »

Emmanuel Kant

Romain change de vie

Parce qu'il n'y a pas que du négatif à se retrouver solo, bien au contraire, j'avais envie de partager ma réussite ici, ma reprise en main. Après 8 mois, un nouveau rythme de vie, de nouvelles activités, une nouvelle alimentation, je suis plutôt fier de moi. Avec 18 kg de moins j'ai une bien meilleure santé. Je suis sorti d'une vie qui ne me convenait plus ! Et vous ? Quelle est votre plus grande réussite personnelle ?

a. Les quatre étapes pour tourner la page

Remonter à la surface lorsque l'on est au plus bas : un vrai challenge. D'autant plus que l'on se sent abandonné, délaissé, laissé pour compte. Le chemin de la reconstruction est long et propre à chacun, après une rupture amoureuse. Chaque histoire est unique et personne ne réagit de la même façon. Vous seul pouvez décider d'entrer dans un processus de transformation.

Quand nous nous heurtons de front aux difficultés et à la réalité, notre impuissance, nos colères peuvent nous empêcher d'avancer. Quand notre cerveau mouline en boucle des idées négatives sans qu'aucune action ne s'enclenche, nos croyances finissent par se terminer en prophétie auto-réalisatrices ! Le doute, les ruminations s'alimentent en boucle et nous fragilisent. Elles entravent même notre accès au bien-être et à notre bonheur.

Il est important de prendre le temps de se reconstruire. Il faut entre 3 et 18 mois pour remonter la pente.

b. Le processus de deuil

Avant d'aborder les quatre étapes pour se reconstruire, prenons d'abord conscience du processus de « deuil » par lequel nous passons généralement, processus qui se détaille en six temps :

1. **Le choc de l'annonce** : comment réagir à cette annonce étourdissante ? Il arrive que la personne qui n'est pas à l'origine de la décision de rupture soit bouleversée par cette annonce. C'est un moment de sidération.
2. **Le déni** : c'est l'incompréhension et l'incapacité à accepter la nouvelle. Cette phase est souvent rythmée par de longues discussions pour tenter de « recoller les morceaux » ou de tenter de reconquérir l'autre. C'est le moment où l'on ne peut pas accepter ce qu'il se passe.
3. **La colère** : elle arrive avec son lot de reproches et de rancunes ! On cherche alors à « vider son sac ». Attention à préserver au maximum les enfants pendant cette étape !
4. **La dévalorisation** : les batteries vidées, on n'a plus d'énergie, plus d'envie. On doute de soi et des autres. C'est le moment où l'on s'autorise à toucher le fond pour mieux rebondir ensuite !
5. **Le sevrage** : c'est le début de la remontée, la période d'adaptation à l'absence de l'autre. Le défi est d'apprendre à vivre sans l'autre et à vivre autrement. C'est le moment d'accepter la solitude.
6. **L'acceptation** : c'est fini ! On accepte mieux la situation. On peut lâcher prise, se centrer sur ses besoins, se reposer, et se reconstruire !

c. Les étapes pour se reconstruire

Étape 1 – Apaiser sa colère

Si certaines colères explosives visent l'ex-conjoint avec en arrière-plan un désir de vengeance, une envie de faire payer l'autre pour sa décision... d'autres colères sont intimement plus insidieuses et tout aussi ravageuses. Ce sont des colères ravalées, avortées ou que l'on tente d'ignorer.

Si la colère est une émotion normale, qu'elle permet de s'affirmer, de poser des limites, d'atteindre ses objectifs, elle peut aussi être dévastatrice.

Les colères sous toutes leurs formes

Identifiez la colère qui vous ronge :

- colère contre soi : « Je ne suis pas à la hauteur ; pourquoi m'a-t-il/elle laissé ? ; je suis trop... ou pas assez ; je n'accepte pas cette nouvelle situation ; ce n'est pas juste ; qu'est-ce que je vais faire avec les enfants ? »
- colère de déception : « Je n'ai pas souhaité cette séparation ; j'avais encore des rêves avec lui/elle. »
- colère liée à l'injustice : « J'ai été injustement critiqué(e), jugé(e)... »
- colère entraînant la peur : « Je ne sais pas si je serais capable d'élever les enfants seul(e) ; je dois déménager, mais je ne sais pas où aller ; j'ai peur de "perdre mon procès" et de ne pas obtenir ce que je souhaite ; est-ce que j'aurai assez d'argent pour vivre ? »
- colère de vengeance : « Je vais lui en faire voir, il/elle va payer pour ça ! ; je vais lui rendre coup après coup ; il/elle cherche la guerre, il/elle va l'obtenir. »
- colère d'impuissance : « Je ne maîtrise plus rien, la justice va décider de mon sort et de celui de mes enfants. »
- colère alimentée ou amplifiée : « Il/elle ne paye pas de pension alimentaire ; il/elle ne veut pas s'occuper des papiers pour le divorce ; il/elle ne s'occupe plus des enfants ; il/elle vit comme si il/elle avait 15 ans. »

- colère teintée de remords : « Je ne comprends pas pourquoi il/elle m'a quitté(e) ; j'aurais dû faire autrement, il/elle ne serait pas parti(e). »
- colère de trahison : « Pourquoi est-il/elle parti(e) avec un(e) autre ? ; je me sens trahi(e), trompé(e), sali(e). »
- colère de grande désillusion : « J'aurais dû le/la quitter depuis longtemps, j'ai perdu toutes ses années à rester avec lui/elle ; mais comment j'ai pu aimer une personne pareille ! »
- colère qui coûte cher : « Je vais trouver le meilleur avocat, je ne vais pas lui faire de cadeau ; aucun arrangement ne sera possible, Il/elle va payer ! »
- colère ravageuse : « Cette colère me fait du bien sur le moment, mais cela ne dure pas, cela revient ; je n'arrive plus à être en paix avec moi-même mais ce qui fait vraiment avancer sur le chemin de la paix intérieure, c'est de prendre du recul, de se demander ce qu'apporte cette colère ; elle peut soulager sur le moment mais ça ne dure pas, elle revient. »

☞ **Je note mes colères, et ce qu'elles m'apportent**

....

....

....

....

....

....

....

....

....

La colère est utile pour indiquer son désaccord ou obtenir une réparation. L'exprimer évite de garder du ressentiment en soi. Mais la colère se nourrit d'elle-même et finit par s'amplifier. Elle est également une grande consommatrice d'énergie. Voici comment en sortir pour ne plus souffrir.

Antidotes à la colère :

- cette colère ne mérite pas de me gâcher la vie ;
- je ne la laisse pas s'installer durablement au fond de moi ;
- j'accepte de ressentir de la colère, je la partage avec quelqu'un de confiance (ami, parent, thérapeute) ;
- je ne culpabilise pas de ressentir de la colère mais j'essaye de l'analyser ;
- cette colère cache un besoin non satisfait, je cherche à le combler ;
- chaque jour, ma colère diminue d'intensité ;
- j'utilise ma colère comme une énergie pour me relever, me défendre, me battre ;
- je prends conscience de toutes mes colères, je suis sur le chemin de la guérison ;
- je m'accepte tel que je suis, avec mes qualités, avec mes défauts ;
- j'assume mes choix qu'ils aient été heureux ou malheureux ;
- l'amour de moi me libère de ma colère ;
- cette colère est très instructive, elle m'apprend des choses sur moi-même.

Bon à savoir
Pour apaiser sa colère

Pour apaiser votre colère, repérez ses manifestations : mâchoire crispée, poings fermés, corps tendu, respiration qui s'accélère, cœur qui tape fort... Puis trouvez l'origine de cette colère, c'est-à-dire la cause ou l'élément déclencheur. Ensuite, préparez-vous à prendre du recul : en respirant, en essayant d'élargir la vision des choses, en cherchant à comprendre. N'hésitez pas à exprimer ce que vous ressentez. Pour cela, trouvez une oreille attentive, empathique et objective pour vous permettre d'exprimer votre colère mais également d'écouter l'avis de l'autre. Enfin, ramenez le calme en vous : respirez, marchez, faites du sport, reposez-vous, etc.

Étape 2 – Découvrir ses carburants internes

Qu'est-ce qui vous anime en ce moment ? Est-ce la révolte, l'envie de vous venger, le désir, l'envie, la jalousie ? Ou au contraire, l'espérance, la sérénité, l'audace, la créativité, l'envie de renouveau ?

L'idée est de ne pas laisser un carburant interne réduire à néant tous vos efforts pour débuter une vie nouvelle ? Il vous faut focaliser sur de nouveaux carburants positifs afin de rebondir après la séparation et penser de nouveau à soi et à ses enfants.

PETIT PLUS

À vous de repérer vos carburants actifs

Notez tous les matins au réveil les premières pensées qui vous passent par la tête. Tenez un petit carnet de bord de vos émotions, vos sensations et vos pensées.

Étape 3 – Se libérer des messages contraignants

Taibi Kahler, à l'initiative de la Process Communication, a identifié cinq *drivers* ou messages contraignants :

- sois parfait : je ne fais pas d'erreur, je peux faire mieux et m'améliorer, je ne suis pas entièrement satisfait, je suis perfectionniste et je me perds dans les détails ;
- fais plaisir : je dois faire plaisir aux autres pour me sentir aimé. Les demandes des autres passent avant les miennes ;
- sois fort : je ne me plains pas, je ne montre pas mes émotions, je suis solide et inébranlable (enfin, c'est l'image que je veux montrer), je me débrouille sans demander d'aide ;
- fais des efforts : je dois travailler dur pour obtenir quelque chose, on n'a rien sans rien, si ce n'est pas difficile je n'ai pas de mérite ;
- dépêche-toi : je dois agir vite, travailler vite, penser vite... pour être efficace. Je suis surchargé de travail et souvent débordé.

Ces messages agissent comme des injonctions inconscientes et ils dirigent nos choix et nos décisions. Identifier ces petites voix internes permet de mieux gérer nos comportements sous stress.

Quels sont mes deux principaux *drivers* ?
En quoi me permettent-ils d'avancer, de réussir ?
En quoi me freinent-ils dans mon cheminement vers le bonheur ?

Les antidotes pour contrer les drivers :

« Sois parfait » : à chaque jour suffit sa peine. Fixez-vous des objectifs réalistes, ayez le droit de ne pas savoir faire, ayez le droit de demander de l'aide.

« Fais plaisir » : écoutez-vous, écoutez vos besoins, pensez à vous, osez refuser.

« Sois fort » : vous avez le droit de montrer vos émotions, vos sentiments, vos faiblesses ; vous pouvez demander de l'aide.

« Fais des efforts » : trouvez vos priorités, sélectionnez vos combats, réussissez à votre manière, vous avez le droit de vous arrêter et de vous reposer.

« Dépêche-toi » : vous avez le droit de prendre du temps, des pauses. Vous pouvez supprimer ou repousser des tâches non urgentes ou non essentielles.

Étape 4 – Mettre en avant ses talents

Les disputes, les désaccords, les mots blessants, les reproches au moment de la séparation, vont laisser le doute, et diminuer votre confiance en vous. Identifier ses forces, ses qualités, ses compétences permet de croire de nouveau en ses capacités.

Bon à savoir
Pour ne pas confondre

La confiance en soi est tout ce qui se rapporte aux actions, aux gestes : tout ce que vous faites et que les autres peuvent voir. La confiance en soi permet d'avoir le courage et l'audace d'entreprendre quelque chose en suivant ses objectifs. Lorsque l'on perd cette confiance, on a peur de faire quelque chose.

L'estime de soi est la valeur que l'on s'octroie. Elle nous fait entendre cette petite voix interne qui oriente nos pensées vers « Je suis capable, j'ai la capacité » ou au contraire « Je suis nul, je vais échouer ».

Si la séparation indique la fin d'un couple, cela n'indique pas la fin des projets. Même si les blessures, les souffrances sont encore bien présentes, il est déjà temps de penser à vous et à doucement vous reconstruire.

Êtes-vous bien dans votre tête ?

Faire son deuil psychologique de la relation passée, partager les objets, classer les photos, sont autant d'étapes qui vont vous permettre de vous libérer des tensions et émotions telles que la peine ou la colère. Mettez des mots sur la raison de la séparation (même si l'aveu est douloureux) et fermez ensuite la porte du passé pour ouvrir celle de l'avenir en tentant le pardon. Pardonner c'est couper la chaîne des rancœurs qui nous relie et nous fait souffrir. Ce processus peut être long et il faut se sentir prêt pour le commencer. Laissez-vous le temps de remonter la pente, de vous relever après ce moment douloureux ou traumatisant.

Sentez-vous bien chez vous ?

Rester dans le logement qui vous rappelle votre ex peut raviver les souvenirs et les souffrances : « Tout ce que je regarde me rappelle mon ex ». Faites-vous un petit cocon où il fera bon vivre : changez les décorations, posez de nouveaux rideaux ou remplacez les housses des coussins du canapé. Si vous venez d'aménager dans un nouveau logement, à vous de le décorer selon vos goûts afin de vous créer un petit univers cocooning.

Êtes-vous bien dans vos baskets ?

Les jours où vous n'avez pas vos enfants, pensez à sortir, à vous oxygéner, à retrouver des amis pour prendre un café ou à débuter une nouvelle activité. C'est le moment de se fixer de petits objectifs : je marche deux kilomètres tous les jours, j'achète des produits frais et de saison sur le marché pour manger plus équilibré, je me couche à heure fixe pour retrouver un meilleur sommeil. C'est également le moment d'avoir des projets plus ambitieux : commencer une nouvelle activité, reprendre une ancienne passion ou prévoir les vacances d'été.

Pour se sentir bien, vous pouvez remplir l'audit de vos talents. Notez sur le cercle intérieur les qualités qui vous correspondent le plus, sur le cercle extérieur celles que vous souhaitez mettre en avant ou développer.

L'audit de mes talents

Adaptable
Altruiste
Ambitieux
Astucieux
Audacieux
Authentique
Autonome
Bienveillant
Calme
Compréhensif
Confiant
Courageux
Créatif
Curieux
Délicat
Déterminé
Diplomate
Discret
Dynamique
Écoute (à l')
Emphatique
Enthousiaste
Esprit d'équipe
Exigent
Fiable
Flexible
Franc
Honnête
Indépendant
Indulgent
Impliqué
Loyal
Méthodique
Motivé
Optimiste
Organisé
Passionné
Patient
Persévérant
Polyvalent
Ponctuel
Précis
Pro-actif
Prudent
Pugnace
Réactif
Réaliste
Réservé
Responsable
Rigoureux
Sensible
Sérieux
Serviable
Souple

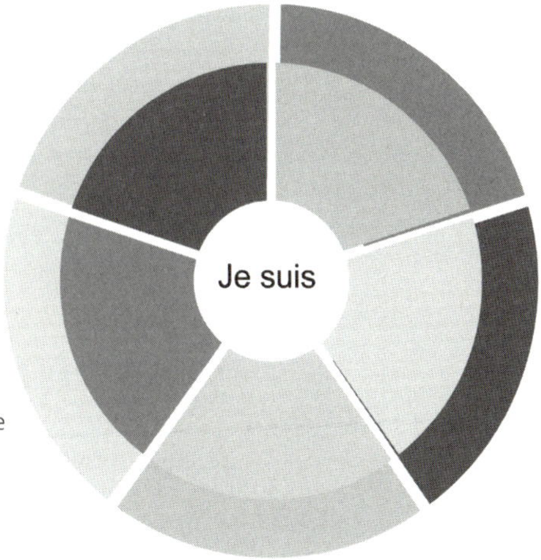

Quelles compétences de parent solo suis-je en train de développer ?

....

....

....

....

....

À retenir

4 étapes pour se sentir mieux

1. Apaiser sa colère : mettre des mots sur ce que l'on ressent pour éviter qu'elle ne prenne toute la place.
2. Découvrir ses carburants internes : faire un bilan de ses pensées et chasser les pensées qui sèment le doute.
3. Se libérer des messages contraignants : trouver des antidotes aux « sois fort », « sois parfait », « fais plaisir », etc.
4. Mettre en avant ses talents : aménager sa maison, retrouver des amis, rechercher ses qualités et développer ses talents.

2. Repérer sa charge mentale

« Avoir le courage d'éteindre l'ordinateur et le portable pour suspendre l'urgence du temps qui passe »

Aurelia Schneider

Alice assume… trop ?

Cela fait deux ans que je suis maman solo H24. J'ai juste besoin de parler, d'échanger avec quelqu'un qui peut réellement me comprendre.... ça devient lourd pour moi, la charge réelle du quotidien s'ajoute la charge mentale (devoir penser à tout, anticiper, garder en tête les informations, ne rien oublier). Il y a des jours où je suis une guerrière (90 % du temps) et d'autres où je suis au bout du bout et je culpabilise… Qu'en pensez-vous, rencontrez-vous les mêmes difficultés ?

Le parent assume seul le quotidien : le travail, les courses, le ménage, les devoirs, les repas, les factures, les rendez-vous, les maladies et les vomis à répétition qui l'obligent à quitter le travail pour venir chercher son enfant à l'école.

C'est une présence constante, sans pause, sans soupape pour reprendre son souffle. Même si certaines familles ont opté pour la garde partagée, de nombreux divorces se terminent en garde traditionnelle et c'est la mère qui porte la charge presque entière des enfants. Il s'agit à la fois d'une grande charge de travail mais également d'une charge morale et mentale. « Maman doit assurer, tout assurer... par amour, c'est la priorité ». Les mamans doivent être polyvalentes, aidantes, soutenantes, patientes, cadrantes... sans oublier élégantes... tout cela en solo ! Même la société véhicule ce message et donne ainsi une charge supplémentaire aux mères. La charge mentale consiste à tenter de se souvenir de toutes les informations, d'anticiper, prévoir, ne rien oublier. C'est une charge invisible qui est souvent bien difficile à repérer et délimiter.

a. Du *burn-in* au *burn-out* ?

Bon à savoir

Qu'il soit professionnel ou parental, le *burn-out* est souvent précédé par une phase de *burn-in* qui consiste à être hyper-actif, hyper-efficace, hyper-investi... et hyper-exigeant.

Vous êtes le *Wonder Parent*, prêt à réagir et à être sur tous les fronts ! Les enfants sont prêts à l'heure pour aller à l'école (même si vous avez cru que jamais vous n'arriverez à l'heure), la maison est rangée (vous avez pris quelques heures sur votre sommeil pour que tout soit clean), les courses sont planifiées (votre livraison est prévue en fin de journée), etc. Toutes les phrases entre parenthèses constituent la charge mentale, ce sont les petits messages que l'on ressasse sans cesse pour être certain de ne rien oublier.

Le stress est présent mais vous ne le voyez pas et « de toute façon, vous n'avez pas le choix, vous devez assumer seul ». Le processus d'épuisement est en cours mais il vous reste encore quelques réserves d'énergie qui vous rendent hyperactif. Puis, un beau matin, il vous arrive une surcharge de travail imprévue, un souci de plus à gérer, un changement dans la famille... et c'est la petite goutte d'eau qui fait déborder le vase !

En cas de surmenage passager, quelques jours de repos suffiront et la vie reprendra son cours normal. Mais si le stress continue de s'accumuler, le repos devient alors insuffisant. Tout votre corps de manière générale se fragilise ainsi que votre système immunitaire : les rhumes, la toux, le mal de dos, la fatigue, le sommeil, tout devient compliqué. Même le cerveau commence à fatiguer : la concentration devient plus difficile, des maux de tête apparaissent ainsi que des oublis ou des étourderies... Lorsque cette situation de *burn-in* persiste dans le temps, les batteries deviennent quasiment vides, les symptômes physiques s'enchaînent. C'est alors que vous risquez le *burn-out*. Tentez de trouver des appuis sans culpabiliser.

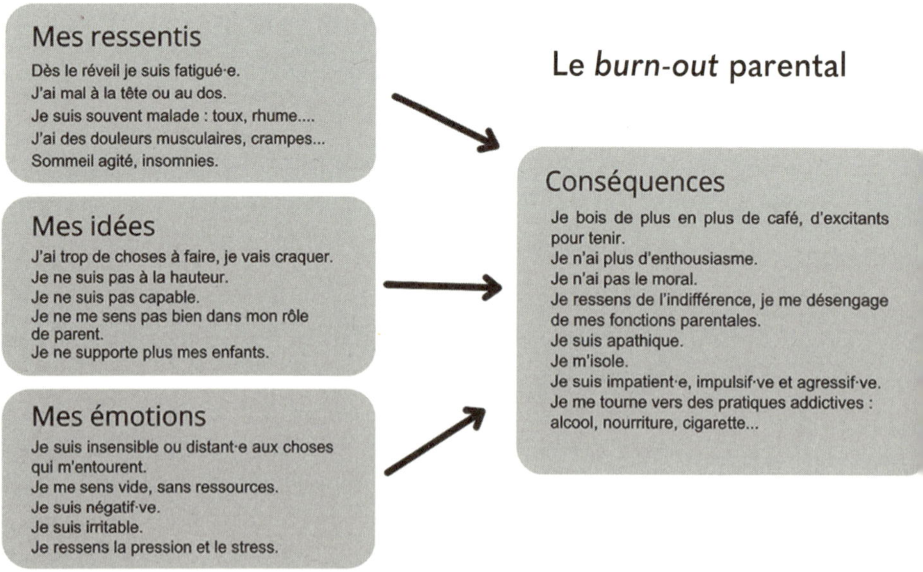

b. Test : suis-je au bord d'un *burn-out* ?

	Jamais	Parfois	Souvent
Je me sens épuisé(e) dès le réveil.			
En pensant à tout ce que je dois faire, j'ai envie de rester au lit.			
Je ne me sens pas reconnu(e) dans mon rôle de mère ou de père.			
Je n'arrive plus à recharger les batteries, je suis épuisé(e).			
Je me sens irritable, je suis à fleur de peau.			
Je ne peux pas tout mener de front, je suis débordé(e).			
J'oublie des choses, je m'éparpille, je ne suis plus efficace.			
Je prends des distances vis-à-vis de mes responsabilités parentales.			
Je mets une distanciation affective avec mes enfants.			
Je ne supporte plus mes enfants et j'aimerais partir sur une île déserte.			
Je me réfugie dans le travail, je travaille plus d'heures que d'habitude.			
Je passe plus de temps sur mon téléphone, sur les réseaux sociaux, les jeux en ligne.			
Je culpabilise de ne pas être à la hauteur en tant que parent, je prends conscience que je ne suis pas le parent que je souhaiterais être.			

Bon à savoir
Le *burn-out*

Le *burn-out* est un terme qui vient de l'industrie aérospatiale, il signifie : « chute d'un projectile en plein vol par défaut de carburant ».

C'est précisément ce qui menace le parent qui a de hautes exigences vis-à-vis de lui-même et qui finit par chuter car il a négligé de faire le plein en combustible !

On passe d'un parent idéal, surinvesti à un parent en saturation, en perte d'énergie, d'efficacité et en distanciation avec ses enfants.

PETIT PLUS

Réaliser sa *done list* pour mesurer sa charge de travail réelle à la maison et au travail

Écrivez la liste exacte de toutes les choses que vous faites dans la journée et indiquez le temps que vous avez passé sur chacune de ces tâches :

Vie familiale	Durée	Vie professionnelle	Durée
Courses		Temps de trajet	
Ménage		Prise de rendez-vous	
Lessive		Mails	
Repassage		Rendez-vous professionnels	
Rangement		Visios ou appels téléphoniques	
Repas		Réunions	
Temps pour les enfants		Déplacements professionnels	
Temps des devoirs		Tâches administratives	
Temps passé à s'occuper d'un animal		Missions du poste	

Trajets pour aller à l'école, la garderie, les activités périscolaires…		Classement, rangement	
Bricolage, aménagement de la maison		Formations ou webinaires	
Jardinage		Comptes rendus, bilans	
Temps d'écran personnel		Temps de partages avec les collègues	
Autre :		Autre :	

À retenir

- Repérez votre charge mentale souvent invisible et difficile à expliquer.
- Établissez votre *done list* : la liste des choses que vous faites réellement à la maison et au travail durant la semaine et ajoutez le temps passé par tâche.
- Évaluez si vous êtes au bord d'un *burn-out* en prenant le temps de faire le point sur vos ressentis, vos pensées et vos émotions.

3. Nouvelle organisation à la maison

« Pour chaque minute passée à organiser, une heure est gagnée »

Benjamin Franklin

Lily n'en peut plus

Cela fait des années que je dis que tout va bien sauf qu'en fait rien ne va plus… je suis arrivée à un point où les tâches quotidiennes m'insupportent. J'ai l'impression d'être toujours dans l'obligation de faire les choses et n'arrive pas à prendre du temps pour moi, à faire des activités qui me font plaisir. Les enfants, le travail, le quotidien... Je craque et je me sens seule. Comment sortir de ce quotidien pesant ?

Être un parent positif, qui répond tout le temps aux critères d'excellence, ce n'est pas possible ! Et pas envisageable non plus. Vous resterez compétent même en en faisant moins !

Devenez la priorité de votre vie !

Je réfléchis à un nouveau mode de vie

Je veux prendre soin de moi : dormir suffisamment, manger équilibré, bouger, me faire des soins du corps, prendre rendez-vous avec un médecin, un kinésithérapeute, un psychologue...

Je veux prendre du temps pour moi : lire, me reposer, dormir, faire du sport, danser, écouter de la musique, faire un puzzle, marcher, voir des amis, voir ma famille.

Je veux m'organiser autrement : qu'est-ce que je peux retarder, déléguer ou alléger dans mes tâches quotidiennes ? Je range ma maison en mettant des jeux dans des caisses en hauteur. Je fais du tri, je ne garde que l'essentiel.

Je choisis mes combats et je mets des priorités : je ne fais que ce qui est urgent et important ! Je laisse la poussière sur les meubles et je lis une histoire à mon enfant. Je n'ai pas de super pouvoirs, je ne peux pas tout faire.

Je fais preuve d'indulgence envers moi-même : à chaque jour suffit sa peine ! Je lâche la pression sur certaines exigences ou règles de vie à la maison.

Je partage mes tâches : je m'organise avec les parents de l'école pour les trajets, je demande à la grand-mère d'emmener le grand au tennis, je confie des tâches à mon enfant.

☞ **Je note toutes mes nouvelles résolutions :**

....

....

....

....

....

....

....

....

....

....

PETIT PLUS

Voici quelques idées pour s'organiser

Faire des *to do list* : pour planifier, ne rien oublier et surtout sortir toutes les informations de votre tête. Vous pouvez faire une *to do list* des choses ingrates, délicates, immédiates.

Utiliser le tableau de gestion des tâches d'après la matrice d'Eisenhower adaptée à la maison : utiliser des post-it que vous déplacez sur la matrice en fonction des urgences et des priorités (voir le tableau en fin d'encart).

Repérer les mangeurs de temps : le temps passé dans les transports, le temps d'attente lors des activités des enfants, les imprévus, le perfectionnisme, le manque d'organisation dans la journée, l'éparpillement, le temps passé sur le téléphone ou les écrans.

La règle des deux minutes : tout ce que vous pouvez faire en moins de 2 minutes : sortir la poubelle, chercher le courrier... effectuez ces tâches rapidement pour diminuer votre charge mentale.

Utiliser un tableau blanc pour noter toutes les choses que vous devez faire (de manière objective) et demander aux enfants de choisir quelques responsabilités.

Faire des rétro-planning pour préparer la rentrée, les fêtes de fin d'année, le goûter d'anniversaire de votre enfant... et prévoir différentes micro-tâches à l'avance pour ne pas être débordé au dernier moment.

Utiliser des applications sur son smartphone : To Do, Trello, My familiz, Cozi Family Organizer, Our Home responsabilise... pour lister, organiser ou partager les responsabilités en famille. Plus besoin de faire des rappels ou la police, l'application s'en charge !

Faire les courses en ligne : faire ses courses sur internet permet de gagner du temps tout en maîtrisant son budget. On évite également les tentations et la traditionnelle bataille avec son enfant qui veut des bonbons arrivé à la caisse !

Cuisiner à l'avance : n'hésitez pas à faire un atelier cuisine le dimanche après-midi (ou les semaines où vous n'avez pas vos enfants en garde) et à préparer quelques petits plats pour le frigo ou le congélateur. Un vrai gain de temps en fin de journée.

Des repas autrement : un repas « restes de la semaine » le dimanche soir : tout est sur la table et chacun compose son assiette comme à la cafétéria. Un repas « pique-nique » le vendredi soir qui se compose de petites tomates, de dés de fromages ou de jambon à picorer.

Chasser le perfectionnisme : qu'est-ce que j'accepte de ne pas faire parfaitement ?

Pour tout planifier

IMPORTANTES - URGENTES À faire en priorité	**URGENTES - PAS IMPORTANTES** À tenter de déléguer
IMPORTANTES - NON URGENTES À traiter rapidement mais peuvent être déléguées	**NON IMPORTANTES - NON URGENTES** Peuvent être reportées ou supprimées

Selon la matrice d'Eisenhower

À retenir

Prendre soin de soi pour prendre soin des enfants

- Devenez la priorité de votre vie, prenez le temps de souffler et de vous reposer sans culpabiliser.
- Faites-vous plaisir
- Arrêtez de vouloir tout faire : osez dire non, choisissez vos priorités du jour, déléguez certaines tâches, responsabilisez et impliquez les enfants.
- Si vous vous dites : « Je suis dans le rouge », faites une pause et allez consulter un médecin si besoin.

4. Impliquer les enfants

« Apprends-moi à faire seul »

Maria Montessori

Coraly a trouvé des missions pour sa fille

Une idée m'a traversé l'esprit pour faire comprendre à ma fille de huit ans son emploi du temps sur ma semaine à la maison. J'ai ajouté des missions par semaine qu'elle peut choisir de réaliser : mission ranger le salon, balayer le couloir, faire son lit, faire la poussière, ramasser tous les jouets au sol, mettre la table, assembler les chaussettes identiques, éplucher les légumes... Tout est choisi avec elle ! Voici un beau tableau plastifié avec des couleurs, des étiquettes aimantées pour qu'elle puisse le remplir et se souvenir de toutes les tâches de la semaine chez moi. Et vous, avez-vous essayé ?

Bon à savoir
Les responsabilités

Impliquer les enfants les rend autonomes et responsables. Ils se sentent utiles et importants dans la famille. N'hésitez plus à partager les tâches en fonction de leur âge et de leurs capacités.

Voici quelques conseils pour que les enfants participent :

- faites des demandes avec le sourire (plus vous râlez, plus vous vous plaignez et moins ils seront motivés) ;
- laissez le choix entre deux propositions : « veux-tu ranger les livres ou faire ton lit ? » ; « Veux-tu passer l'aspirateur ou laver le sol ? » ;
- ne demandez qu'une chose à la fois et remerciez votre enfant quand la tâche est terminée : son cerveau n'est pas capable de retenir trois demandes à la fois ;
- parlez de responsabilités (comme à l'école) plutôt que de partage des tâches ou des corvées ! « Cette semaine tu es responsable de... », « C'est toi qui diriges les opérations en matière de rangement du salon » ;
- croyez en eux : « Tu peux le faire ! » ; « J'ai confiance en toi » ; « Je te donne la responsabilité de... » ; « Je te sens capable de faire les vitres » ; « La semaine dernière tu as cuisiné des cookies sans aide » ; « Maintenant, je peux te faire confiance, tu sais utiliser le plumeau pour dépoussiérer » ; « Tu es devenu un champion pour laver la baignoire, les robinets brillent de mille feux » ; « Aucune saleté ne te résiste », etc.

Quelles tâches selon les âges ?

Je réfléchis à ce que je peux déléguer aux enfants en fonction de leur âge et de leurs capacités

À partir de 2 ans :

- participer au rangement des jouets ;
- ranger ses chaussons au bon endroit ;
- mettre son couvert à table (son verre et sa cuillère en plastique) ;
- jeter son pot de yaourt à la poubelle ;
- se déshabiller ;
- se laver les mains et les essuyer.

À partir de 3 ans :

- Mettre son linge sale dans le panier ;
- étendre les chaussettes et les culottes sur le fil à linge ;
- ranger sa veste et ses chaussures au bon endroit (adapter le porte-manteau) ;
- ranger les livres sur une étagère ;
- ranger les jeux dans une caisse (mettre une photo indiquant quel jeu sur la boîte) ;
- mettre le couvert ;
- jeter ses déchets à la poubelle ;
- aider à préparer le repas : verser, mélanger, couper avec un couteau spécial…

À partir de 4 ans :

- étendre les serviettes et les torchons sur le fil à linge ;
- passer l'éponge sur la table ;
- utiliser la balayette pour ramasser les poussières et les miettes au sol ;
- faire son lit en remplaçant son oreiller et en tirant sa couette ;
- arroser les plantes ;
- changer le rouleau du papier hygiénique ;
- s'habiller seul (sauf pour les fermetures éclair et les lacets).

À partir de 5-6 ans :

- trier les déchets, jeter les restes dans un compost ;
- nourrir un animal domestique ;
- mettre la table et la débarrasser ;
- ranger les couverts et les casseroles si les placards sont accessibles ;
- faire la poussière avec un plumeau sur les meubles bas ;
- aider au rangement des courses ;
- utiliser la fourchette et le couteau correctement à table ;
- laver les légumes ;
- mettre son goûter dans son cartable ;
- se laver avec la supervision de l'adulte ;

- faire ses lacets ;
- arroser les plantes ;

À partir de 7-8 ans :

- aider à étendre le linge ;
- aider à plier le linge ;
- aider à essuyer la vaisselle ;
- vider le lave-vaisselle et ranger la vaisselle à hauteur ;
- passer l'aspirateur ;
- participer aux soins des animaux (brossage, changement de la litière, etc.) ;
- faire son cartable ;
- se préparer un sandwich ;
- se laver seul (supervision de l'adulte pour se laver les cheveux) ;
- ramasser les feuilles mortes dans le jardin.

À partir de 9-10 ans :

- écrire la liste des courses ;
- faire son sac pour changer de maison ;
- participer à la préparation des repas : trier les légumes, laver la salade, éplucher, couper, suivre une recette facile, etc. ;
- mettre en marche le lave-vaisselle et sortir la vaisselle ;
- faire la vaisselle, l'essuyer et la ranger ;
- gérer seul son réveil le matin ;
- balayer ;
- laver le sol ;
- laver la voiture ;
- sortir la poubelle ;
- lire une histoire à son petit frère ou à sa petite sœur ;
- désherber le jardin, semer des graines, planter, etc.

À partir de 11-12 ans :

- faire des petites courses à proximité ;
- faire la cuisine ;
- coudre un bouton ;

- préparer un repas simple ;
- décorer la table les jours de fête ;
- faire tourner le lave-linge (trier le linge, mettre la lessive, choisir le bon programme) ;
- changer le sac de l'aspirateur ;
- taper les tapis ;
- laver les vitres intérieures (ne pas ouvrir la fenêtre sauf au rez-de-chaussée) ;
- repasser sous la surveillance d'un adulte ;
- aider son petit frère ou sa petite sœur.

À partir de 13-14 ans :

- garder un petit moment ses frères et sœurs ;
- tondre la pelouse ;
- faire la cuisine ;
- promener les animaux ;
- aider à monter un meuble ;
- effectuer de petits bricolages sous supervision.

☞ **Je note toutes les responsabilités que je pense donner à mon enfant**

....

....

....

....

....

....

....

....

....

....

....

....

Le bon « tout puissant » pour déléguer certaines missions

Un bon pour demander de l'aide à son enfant sans râler, répéter ou crier... à vous de lui offrir avec un grand sourire !

Bons à découper pour demander de l'aide

Je soussigné·e ....
M'engage à déléguer aujourd'hui, la tâche suivante :
....
à ....
Fait à : Le : / /

Je soussigné·e ....
M'engage à déléguer aujourd'hui, la tâche suivante :
....
à ....
Fait à : Le : / /

Je soussigné·e ....
M'engage à déléguer aujourd'hui, la tâche suivante :
....
à ....
Fait à : Le : / /

Je soussigné·e ....
M'engage à déléguer aujourd'hui, la tâche suivante :
....
à ....
Fait à : Le : / /

Je soussigné·e ....
M'engage à déléguer aujourd'hui, la tâche suivante :
....
à ....
Fait à : Le : / /

Je soussigné·e ....
M'engage à déléguer aujourd'hui, la tâche suivante :
....
à ....
Fait à : Le : / /

Il est important de reconnaître tous les efforts des enfants, les progrès, la bonne volonté même si la tâche à effectuer n'est pas tout à fait conforme à ce que vous attendiez ou ce que vous auriez fait.

L'enfant apprend, il a droit de ne pas savoir, de se tromper. Il faut lui montrer, faire avec lui, le regarder faire en l'encourageant, lui laisser faire et le féliciter.

À retenir

Tous responsables

- Arrêtez de vouloir tout faire : choisissez vos priorités du jour, déléguez certaines tâches, responsabilisez et impliquez les enfants en fonction de leur âge et de leurs capacités.
- Apprenez à demander de l'aide sans râler : restez factuel sur votre charge de travail, faites choisir à l'enfant sa ou ses missions de la semaine.
- Encouragez tous les efforts et remerciez pour toute tâche effectuée (même si ce n'est pas 100 % comme vous l'auriez fait).

5. Avoir un plan B

« Les gens heureux ont toujours un plan B »

Florence Servan-Schreiber

Jean cherche des bons plans

Papa solo d'un petit bout de deux ans, comment faites-vous pour jongler entre la nounou, le travail et les tâches du quotidien ?

J'oublie sans cesse un sac, un biberon, un bonnet, un goûter… quels sont vos bons plans pour penser à tout ?

Bon à savoir

Carnet d'adresses des parents solos

En cas de besoin	Nom, prénom	Numéro de tél
Quelqu'un toujours prêt à m'écouter.		
Quelqu'un toujours sur son téléphone et joignable H24 en cas d'urgence.		
Quelqu'un pouvant me conseiller.		
Quelqu'un pouvant m'aider matériellement ou financièrement.		
Personne disponible pour garder mon enfant de manière occasionnelle.		
Personne pouvant faire le taxi pour l'école ou l'activité extrascolaire une fois sur deux avec moi.		
Personne acceptant de faire du troc de vêtements, de nourriture, de temps de garde.		
Personne disponible en journée.		
Personne disponible en soirée.		
Nom des copains pour aider pour les devoirs oubliés.		
Autre.		

PETIT PLUS

Le kit de survie du parent solo

1. Le meuble aux 8 tiroirs : un tiroir par jour et par semaine. Lorsque l'enfant ouvre le tiroir lundi, il trouve tous les vêtements qu'il doit enfiler, et ainsi de suite pour tous les jours de la semaine.
2. Un panier ou une caisse par enfant pour ranger les chaussures dans l'entrée.
3. Le tiroir aux goûters : accessible aux enfants, ils choisissent leur goûter et le glissent dans leur cartable pour le lendemain. Vous pouvez également prévoir une gourde qu'il se chargera de remplir à la récréation.
4. Sac de survie : préparer un sac avec un doudou bis, un vêtement de rechange, un vêtement de pluie, un chapeau, une couche (si besoin), un goûter emballé, une petite trousse de pharmacie (pansement, désinfectant, médicament anti-fièvre, pommade pour les coups, crème de protection solaire…).
5. Une boîte « anti-ennui » : mettre à l'intérieur d'une boîte quelques petits jeux que l'enfant ne connaît pas : pâte à modeler, puzzle miniature, mandala à colorier, perles à enfiler, des énigmes à résoudre, un sudoku, un jeu des 7 différences, un cherche-et-trouve, un jeu de cartes, des accessoires pour faire un tour de magie… Vous lui donnerez quand il s'ennuie trop et que vous n'avez pas le temps de jouer avec lui.
6. Le SAS de décompression : prévoir un lieu pour que chaque membre de la famille puisse gérer ses émotions fortes et décompresser en toute sérénité. Un lieu facilement accessible à tous, petits et grands. Vous pouvez utiliser un coin du salon, un espace sous un escalier, le fond d'une alcôve… Installez un pouf géant dans lequel on peut s'enfoncer et se détendre. Une petite caisse avec différentes balles antistress, doudou, couverture lestée, casque antibruit, sabliers colorés, bâtons de pluie, objets lumineux pour apaiser…

7. Un petit stock de cadeaux pour les anniversaires des copains de votre enfant : quelques petits livres, petits jeux ou figurines emballées. Attention à bien indiquer l'âge sur le paquet au crayon à papier si vous avez plusieurs enfants.
8. La trousse des fournitures de dépannage : il s'agit d'une trousse d'écolier, dans laquelle vous pouvez prévoir des stylos, crayon, colle, gomme, etc. de rechange pour ne pas être pris au dépourvu le dimanche soir quand votre enfant vous annonce « Je n'ai plus de... pour demain matin ».

Je réfléchis à une nouvelle organisation à la maison

- Moins de jouets : retirer des jouets et les mettre dans des caisses en hauteur, changer les caisses tous les 6 mois, votre enfant aura l'impression de découvrir ses jouets et au quotidien, les chambres seront plus rapidement rangées.
- Faire du tri : prendre chaque objet dans la main et se poser les questions : est-ce que cet objet m'appartient ? Est-ce que je l'ai utilisé durant les 6 derniers mois ? Est-il en bon état ? Peut-on le réparer ? Est-ce un cadeau ? Est-ce que je le garde, je le recycle, je le donne ou je le jette ? Si je le garde, où est sa place dans la maison ?
- Un rangement pour chaque objet : je trouve une petite maison pour ranger chaque objet dans ma maison.
- Petites décorations : changer quelques objets du salon, les housses de coussins, la plante verte pour avoir l'impression de vous sentir bien chez vous.

J'organise un planning de tri et de grand ménage de printemps pour ne plus me laisser surprendre par les imprévus (voir le tableau page suivante).

30 jours pour faire le grand ménage

Jour 1 Planifier ses actions pour le grand ménage.	**Jour 2** Acheter des produits d'entretien et des bacs de rangement.	**Jour 3** S'occuper des plantes vertes, couper les feuilles mortes, arroser.	**Jour 4** Faire la poussière dans toute la maison.	**Jour 5** Faire les vitres.	**Jour 6** Organiser, nettoyer les placards de la cuisine.
Jour 7 Vider et nettoyer le frigo, jeter les choses périmées.	**Jour 8** Dégivrer le congélateur.	**Jour 9** Vérifier les dates de péremption du stock de nourriture.	**Jour 10** Trier les jouets des enfants.	**Jour 11** Ranger les jouets dans des caisses étiquetées.	**Jour 12** Donner les jouets inutilisés.
Jour 13 Trier les vêtements des enfants.	**Jour 14** Acheter les vêtements manquants.	**Jour 15** Donner les vêtements qui ne vont plus.	**Jour 16** Trier le placard à pharmacie.	**Jour 17** Recoudre les boutons des vêtements.	**Jour 18** Petites retouches en couture : ourlets, trous.
Jour 19 Trier les papiers administratifs.	**Jour 20** Ranger le bureau.	**Jour 21** Ranger la salle de bain et les produits de beauté.	**Jour 22** Nettoyer à fond la salle de bain.	**Jour 23** Nettoyer à fond les WC.	**Jour 24** Nettoyer et détartrer l'électro-ménager.
Jour 25 Jeter les vieilles chaussures.	**Jour 26** Désencombrer les tiroirs fourre-tout.	**Jour 27** Faire le tri dans les photos du téléphone.	**Jour 28** Faire le tri dans l'ordinateur.	**Jour 29** Aspirer sous les meubles.	**Jour 30** Se féliciter et se reposer.

☞ **Je me mets en mode « tornade blanche »**… par quoi je vais commencer ? Faites la liste des choses que vous devez trier, jeter, nettoyer, ranger, classer… Indiquez toujours une date de réalisation et rayez la tâche lorsqu'elle a été réalisée !

....

....

....

....

....

....

....

....

....

....

....

À retenir

Avoir des plans B pour ne pas se sentir dépassé ou pris au dépourvu par les événements

- Recherchez des personnes ressources : pour construire une équipe gagnante prête à vous donner un coup de main.
- Utilisez des astuces du kit de survie pour parent solo en anticipant des situations compliquées.
- Mettez-vous en mode « tornade blanche » pour ranger, trier, nettoyer et mieux organiser votre maison.

Étape 4

Le temps du bonheur

Non vous ne rêvez pas, il existe bien une recette au bonheur ! Contrairement à ce que l'on pourrait imaginer, ce n'est ni avoir une belle maison ni une belle voiture qui concourt à la sensation d'être heureux.

Une étude, débutée en 1938 sur plus de 700 personnes et mené dans le *British Medical Journal* par Robert Waldinger et Marc Schulz[7] a montré que : « La capacité à se tourner vers l'avenir, à s'amuser comme au temps de l'enfance et à s'entourer de proches pour surmonter les épreuves de la vie sont les clés d'une vie heureuse, dans un contexte des plus difficiles ».

Ainsi ont été identifiés trois leviers au bonheur :

1. Faire table rase du passé, oublier les échecs antérieurs : nous devons aller de l'avant et ne pas nous retourner sans cesse vers les erreurs du passé.
2. Se faire plaisir et de pratiquer des activités que l'on aimait quand on était plus jeune. Alors, amusons-nous !
3. Être en lien avec les autres : plus nous sommes entourés, plus nous échangeons avec nos proches, avec notre famille, nos amis et plus nous sommes heureux. Et cela fonctionne mieux encore si nous nous entourons de personnes ayant les mêmes valeurs et centres d'intérêt que nous.

Et pour vous ? Quelle est la recette du bonheur ? À vous de composer votre poème avec vos enfants et de l'afficher au mur de la cuisine.

7. https://www.simonandschuster.com/books/The-Good-Life/Robert-Waldinger/9781982166694

Voici un exemple de recette du bonheur :

- 1 tasse de sourires ;
- 250 g de santé à saupoudrer ;
- 1 litre d'amitié à partager ;
- 3 c. à soupe de fous rires ;
- 1 pincée de patience ;
- 10 cuillères à café de rêves ;
- 3 louches de pardon ;
- 2 barbes à papa pour la joie ;
- 1 pincée de folie ;
- quelques gouttelettes d'humour ;
- 1 pomme d'amour.

Versez la préparation dans un moule en forme de cœur,
Mettez-la une heure au réfrigérateur,
À partager avec des amis pour que cela soit meilleur !

Vous l'aurez compris, une nouvelle vie s'offre à vous et à vous de tout faire pour l'agrémenter de moments qui vous apporteront plus de bonheur.

1. Chasser le stress

« Quand on ne peut revenir en arrière, on ne doit se préoccuper que de la meilleure façon d'aller de l'avant »

Paulo Coelho

Olivier et sa nouvelle vie
Je voulais aborder le sujet de l'après séparation et de la construction d'une autre vie seul avec mes enfants. À titre personnel, je suis en pleine réflexion : vais-je arriver à gérer le quotidien ? Rien que d'y penser, je suis envahi par le stress. Comment avez-vous vécu l'après ?

a. Dédramatiser

Le stress est la plupart du temps vécu négativement. Pourtant, il n'est ni bon, ni mauvais. Le stress n'est pas une émotion, il s'agit d'une réaction physiologique et psychologique qui agit sur le mode « réflexe ». Cette réaction automatique est là pour nous faire réagir à une situation.

Bon à savoir

C'est l'endocrinologue Hans Selye qui a été le premier à utiliser le mot « stress » dans les années 1920. Il le définit comme « l'ensemble des moyens physiologiques et psychologiques mis en œuvre par une personne pour s'adapter à un événement donné ». Selon Selye, il y a trois phases de stress : la « phase d'alarme », la « phase de réaction », et enfin la « phase d'épuisement ».

En poursuivant ses recherches, il découvre qu'il existe aussi « le bon stress » et que ce phénomène peut être un dispositif de vigilance salvatrice !

b. Utiliser des techniques simples pour gérer son stress

i. Deux minutes pour rire !

Henri Rubinstein, docteur en médecine, spécialiste de l'exploration fonctionnelle du système nerveux, défend l'idée que 2 à 3 minutes de rire par jour produisent un état de relaxation de 30 minutes[8]. Rire permet d'évacuer les tensions, l'angoisse, la pression du quotidien. Si vous aviez deux minutes pour vous changer les idées et commencer à sourire ? Que feriez-vous ? Voici une liste non exhaustive d'idées : sourire davantage ; écouter un podcast amusant ; regarder les sketchs de

8. Henri Rubinstein, *Psychosomatique du rire. Rire pour guérir*, Paris, Robert Laffont, 2003.

son humoriste préféré ; jouer à des jeux de société amusants ; cultiver l'auto-dérision ; utiliser l'humour au quotidien avec les enfants (attention pas l'ironie qui peut être vécue comme blessante) ; noter les citations drôles sur une ardoise dans la cuisine ou la salle de bains ; mettre une musique fun et danser au beau milieu du salon…

ii. Un moment pour moi

Quand vous sentez que vous allez craquer, stoppez tout et prenez un moment pour vous.

Respirez : inspirez à fond, bloquez votre respiration puis expirez lentement. Dans l'idéal rien de mieux que de sortir prendre un grand bol d'air pour se changer les idées.

Regardez par la fenêtre et observez les personnes en bas de chez vous, les feuilles d'un arbre qui bougent, les nuages qui changent de forme, etc.

Bougez : faites de grands pas dans le couloir, marchez sur la pointe des pieds dans le salon tout en vous étirant lentement.

Écrivez en 30 secondes tout ce qui vous tracasse puis chiffonnez la feuille et mettez-la à la poubelle.

Faites la liste de toutes les choses que vous remettez à plus tard.

Fermez les yeux et dessinez mentalement ce que vous ressentez.

Observez la photo de votre enfant bébé (surtout si ce dernier vient de vous énerver).

Au bout d'une minute ou deux, reprenez votre activité !

iii. Les vertus du mandala

Colorier un mandala permet de se calmer et de lâcher prise. Colorier ramène à l'état présent car le geste se fait naturellement, sans réfléchir. Installez-vous dans un endroit calme de préférence, choisissez les crayons et les couleurs qui vous plaisent et concentrez-vous sur les bords du mandala en commençant le coloriage. Peu à peu, votre geste va se détendre et vous arriverez au centre, point d'ancrage pour un nouveau départ ; vous vous sentirez à la fois plus détendu et plus concentré.

iv. La cohérence cardiaque

Le docteur David O'Hare propose un exercice simple pour diminuer significativement son stress : la cohérence cardiaque qui prévoit 6 respirations par minute trois fois par jour. Voici les étapes :

- inspirez profondément avec le nez pendant 5 secondes en gonflant le ventre (adopter la respiration abdominale) ;
- soufflez doucement par la bouche pendant 5 secondes ;
- recommencez les inspirations/expirations 20 à 30 fois.

Il existe des applications pour éviter de compter le temps à chaque inspiration ou expiration.

v. La sieste turbo

La sieste turbo consiste à dormir 15 à 30 minutes maximum, pas davantage, pour ne pas sortir de la phase de sommeil léger. Pensez à régler votre réveil et étirez-vous après vous être levé.

Voici quelques astuces pour vous endormir rapidement :

- préparez-vous mentalement à faire la sieste ;
- trouvez un endroit calme et sombre ;
- relâchez la mâchoire, vous pouvez bâiller ;
- allongez-vous dans une position confortable ;
- détendez tous vos muscles en les visualisant les uns après les autres ;
- respirez en utilisant la cohérence cardiaque.

La sieste turbo chasse le stress et ensoleille l'humeur, mais elle ne doit pas remplacer la bonne nuit de sommeil.

Bon à savoir
L'état de Flow

Souvenez-vous quand vous étiez concentré dans une activité si captivante que vous en avez perdu la notion de temps ? Cet état, le psychologue Mihály Csíkszentmihályi le nomme « état de *flow* ». Il le définit comme un état émotionnel bénéfique dans lequel compétences et challenges sont réunis.

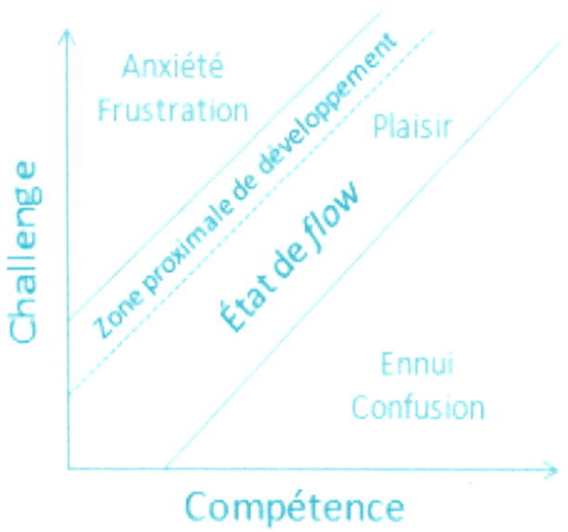

L'expérience optimale (le *flow*) est un état mental qui stimule la créativité, réduit le niveau de stress et renforce la confiance.

Je réfléchis à ma boussole émotionnelle :
mon état de *flow*

1. Listes des activités pouvant procurer l'état de *flow* :

- le sport ;
- la marche en montagne, à la campagne, en bord de plage ;
- les puzzles ;
- le modelage ;
- la peinture ;
- le coloriage ;
- la cuisine ;
- le bricolage ;

- le jardinage ;
- la méditation.

2. Pour atteindre son état de *flow* :

- avoir un objectif précis pour concentrer son attention ;
- ne plus avoir la notion du temps qui passe ;
- ne plus se préoccuper pour les autres ou soi-même ;
- avoir le sentiment de maîtriser complètement son activité ;
- sentir que l'activité procure une source de satisfaction.

☞ **Je note l'activité qui me procure le plus un état de *flow***

À retenir

Surmonter les situations de stress

- Utilisez des techniques simples pour mieux gérer votre stress.
- Trouvez les activités que vous aimez faire et qui vont vous permettre d'atteindre l'état de flow pour vous détendre et vous faire plaisir.

2. Nouveau look pour une nouvelle vie

« Le style est une manière de dire qui vous êtes, sans parler »

Rachel Zoé

Silvia pense à elle

Comme quoi… certaines séparations peuvent être bénéfiques. Je me suis concoctée une petite journée détente :

☑ SPA et gommage du corps
☑ Repas solo au resto
☑ Soin du visage et maquillage
☑ Coiffeur

Oui, je tente le tout pour le tout pour me reconquérir car je me rends compte que je m'étais délaissée… Après tout, mieux tard que jamais !

a. Prendre soin de soi pour prendre soin des autres

Changer de look est un moyen de marquer symboliquement la fin d'une relation et de se mettre en piste pour un nouveau départ. Changer de coiffure, de style vestimentaire, etc., permet parfois de se retrouver, de faire ce que l'on a toujours souhaité mais jamais osé. Et si une visite chez le coiffeur, une après-midi shopping pouvait renforcer votre confiance en vous ?

Après une rupture, l'envie de se recentrer est souvent très présente. Le cœur brisé, on commence à douter de soi, de son pouvoir de séduction. On peut aller jusqu'à ne plus supporter son image dans le miroir. Si la rupture est considérée comme un échec amoureux, elle peut permettre une prise de conscience et ouvrir le champ des possibles en termes de nouveautés vestimentaires. C'est un peu comme si l'on voulait se séparer des habitudes, des souvenirs qui nous relient encore à l'autre.

Qu'est-ce qui vous ferait plaisir ? Qu'est-ce que vous auriez envie de tenter ? Cheveux courts, longs, bouclés, teintés ?

Prenez le temps de feuilleter des catalogues et de réfléchir à votre prochain look, il n'est pas le moment de faire des achats compulsifs que vous regretterez tôt ou tard. Vous pouvez adopter de nouvelles habitudes comme manger sainement, réduire votre consommation d'alcool ou de tabac, dormir suffisamment et effectuer quelques suivis chez l'ophtalmologue ou le dentiste.

Prendre soin de soi n'est pas seulement l'apanage des femmes, les hommes aussi peuvent en profiter pour aller chez le barbier, le coiffeur et pourquoi pas faire un soin complet du corps, du visage avec une manicure-pédicure. C'est le moment de faire des activités qui vous stimulent et vous rendent heureux.

b. Trouver des sources d'inspiration en observant des personnes de son entourage

Dans votre entourage, certaines personnes suscitent votre admiration. Elles peuvent un point de repère pour vous aider à changer. Demandez-vous ce qui fait que cette personne me semble élégante : que porte-t-elle ? Quelles couleurs, matières ou formes de vêtements ? Quels accessoires ? Comment les porte-t-elle ? Quelle est son allure ? Sa posture ? Comment se coiffe-t-elle ? Se maquille-t-elle ? Comment s'exprime-t-elle ? Vous pouvez également vous inspirer du style des célébrités.

c. Trouver son nouveau look

Je réfléchis à mon look

Dans ma garde-robe actuelle : les 3 tenues que je porte le plus, qu'est-ce qui me plaît le plus ?

- Mes couleurs préférées.
- Le confort des matières.
- Les formes de vêtements adaptées à ma morphologie.

Mon futur look : minimaliste, naturel, chic, classique, élégant, pratique, glamour, coloré, pailleté ?

Une nouvelle manière de consommer : matières respectueuses de l'environnement, seconde main ?

Mon nouveau rituel beauté du matin... et du soir

Mon maquillage « bonne mine »

Ma manucure

Mes accessoires préférés

Je fais un photo-montage des vêtements que j'aimerais porter, de ma future coiffure et je demande l'avis à mes meilleurs amis.

☞ **Je prends rendez-vous chez le coiffeur, je contacte un professionnel pour le relooking, je fais du shopping...**

....

....

....

....

....

....

....

....

....

....

....

À retenir

Changer de look pour changer de vie

- **Réfléchissez aux changements :** trouvez un style qui vous ressemble et qui vous met en valeur.
- **Prenez le temps** de faire des vide-dressings, des ventes privées, ou attendez les soldes **pour ne pas vous ruiner**.

3. Un rendez-vous avec soi-même

« S'aimer soi-même est le début d'une histoire d'amour qui durera toute une vie »

Oscar Wilde

Alexandra a rencontré quelqu'un

J'ai rencontré quelqu'un...
Une personne qui m'offre toute l'attention dont j'ai besoin !
Qui comprend mes envies, mes passions, mes folies...
Une personne qui me booste et qui me laisse le temps à la fois.
Quelqu'un qui me fait confiance et me porte au bout de mes projets.
Elle prend soin de moi, ne me juge pas, est à mon écoute et me conforte quand j'en ai besoin.
Avec elle, je sais que j'irai loin.
Je ne la tromperai pas pour quelques illusions apportées par un autre !
Nous ne vivons pas coupées du monde, nous prenons soin de partager avec d'autres ce trésor que nous avons construit que l'on nommera la Paix.
Elle est mon équilibre, mon essentiel, ma vie.
J'ai rencontré quelqu'un, quelqu'un dont je vais prendre soin...
Ce quelqu'un, c'est moi-même !
Alexandra

a. Décidez d'un rendez-vous avec vous-même

Tout changement s'opère lentement. Vous avez décidé d'aller de l'avant et vous allez tout faire pour y consacrer un peu de temps !

Vous allez vous retrouver, vous observer et enfin vous aimer. Profitez-en pour rêver et vous projeter positivement dans l'avenir. C'est le week-end sans les enfants ? Et si vous en profitiez pour prendre rendez-vous avec vous ?

b. Vous êtes débordé ? Et si vous ralentissiez ?

Soyez indulgent avec vous-même. Acceptez le fait que vous méritez d'avoir du temps pour vous tous les jours. Cessez de vous sentir coupable de prendre du temps pour vous et mettez-vous sur votre liste de priorités : détendez-vous. Pour cela, faites quelque chose que vous appréciez.

Vous ne savez pas quoi faire pendant votre temps libre ? Faites une liste des choses que vous avez toujours voulu faire et mettez-les sur votre agenda : inscrivez votre prénom et ajoutez un petit cœur à côté ♥. Le temps pour soi peut se résumer à des pauses de 10 à 15 minutes prises régulièrement. Efforcez-vous de prendre un peu de temps libre tous les jours. Imaginez un rituel quotidien pour faciliter le temps pour vous.

Pour éviter de se sentir dépassé, il est nécessaire de trouver un équilibre subtil entre la présence auprès des enfants, sans les étouffer, et le temps pour vous et vos activités.

PETIT PLUS

Voici la liste des idées pour prendre soin de moi :

- prendre un bon petit-déjeuner ;
- se bichonner devant le miroir de la salle de bains ;
- se faire masser ou pratiquer un automassage ;
- rattraper son retard de sommeil ;
- un moment de gratitude : vous remarquez tout ce qui est positif dans votre vie ;
- une sortie avec vos amis ;
- se lancer dans un projet que vous souhaitez mettre sur pied depuis longtemps ;
- découvrir un restaurant ou se faire livrer son plat préféré ;
- lire un bon livre ou terminer celui commencé l'année dernière ;
- acheter de bons produits de saison sur le marché ;
- faire les boutiques et s'acheter un petit cadeau ;
- se faire un cocktail maison ;

- préparer un dessert et le partager avec quelqu'un qu'on apprécie ;
- faire du sport, se dépenser, se défouler, se surpasser ;
- contacter un ami pour prendre de ses nouvelles ;
- prévoir son prochain week-end, ses prochaines vacances ;
- marcher pieds nus dans l'herbe ;
- visualiser son plus grand rêve comme étant en train de se réaliser ;
- réserver une place de concert ;
- sortir au cinéma ;
- s'inscrire à une formation ;
- prendre un bon bain ou une douche sensorielle ;
- allumer des bougies et mettre un diffuseur de senteurs ;
- écouter sa musique préférée et danser au beau milieu du salon ;
- faire une balade en forêt, montagne, campagne, bord de mer... ;
- se lancer dans une nouvelle déco ;
- faire une activité créative ;
- mâcher un chewing-gum ;
- malaxer une boule antistress ;
- modeler de l'argile ;
- dessiner ou colorier ;
- sourire ou rire ;
- écouter un podcast de motivation ;
- marcher dans la rue et sourire à 15 personnes inconnues ;
- marcher dans la rue et avoir la conviction qu'il va se passer quelque chose d'extraordinaire.

c. Sortez de votre zone de confort

Nous connaissons tous un endroit paisible, au fond de nous, celui dans lequel nous nous sentons détendus et confiants.

Il s'appelle la zone de confort. C'est une zone qui nous permet de suivre une petite routine tranquille et sécurisante. L'idée est de s'autoriser à traverser un petit moment d'inconfort pour tenter de nouvelles expériences. Ainsi, sortir de chez soi, commencer une nouvelle activité, faire de nouvelles rencontres, etc., vont peu à peu influencer nos comportements et nos pensées.

Oser sortir de ses habitudes, se remettre en question ou tester ses capacités, rend plus créatif, permet de créer de nouveaux liens amicaux, et booste la confiance en soi. Évidemment, nous n'obtenons pas toujours les résultats souhaités lorsque nous tentons quelque chose de nouveau, mais en persistant on apprend à surmonter toutes sortes de situations.

Je réfléchis à mon moment à moi

- J'enfile une tenue confortable.
- J'éteins mon téléphone portable, je ne veux pas être dérangé(e) !
- J'écoute ma musique du moment.
- Je prends un carnet et je m'installe dans un endroit où je suis à l'aise.

☞ **J'écris la liste des choses que je souhaite faire pour prendre soin de moi**

À retenir

Prendre soin de soi permet de prendre soin des autres

- Listez toutes les idées qui vous font du bien.
- C'est le moment de commencer : quel sera votre nouveau rituel ?

4. Retrouver une saine autorité

« Punir n'est pas manifester son autorité.
Nous punissons par manque d'autorité »

Isabelle Filliozat

Audrey cherche un juste équilibre éducatif

J'ai toujours été la maman cool et c'était le papa qui mettait des limites. Au moment de notre séparation, je me suis sentie démunie face aux crises de colère et d'opposition de mes deux enfants. La gestion des émotions, les débordements de pleurs, de cris… je ne gérais rien du tout ! Comment mettre un cadre alors que jusque-là, je ne le faisais pas ?

a. Gérer les émotions

Que ce soit les hurlements de colère car ils n'acceptent pas la situation, les longs sanglots inconsolables quand ils pensent à l'autre parent, ou le lourd silence ne laissant plus rien transparaître, les enfants ont le droit de ressentir toutes leurs émotions comme leur parent. Chaque émotion exprime un sentiment de honte, d'insatisfaction, d'incompréhension, de culpabilisation. Les enfants tentent d'attirer l'attention pour exprimer leur mal-être.

Les enfants apprennent à gérer leurs émotions en regardant leur parent gérer les leurs : n'oubliez pas qu'ils vous observent. Ils doivent avoir un espace de parole pour verbaliser leurs émotions et se sentir écoutés par leur parent. Ils auront certainement besoin d'en parler plusieurs fois de suite.

Il vous faudra rappeler comment gérer leurs émotions : il est normal de ressentir de la colère, mais il n'est pas acceptable de taper quelqu'un ou de casser quelque chose. Et il ne faudra pas nier leurs émotions, avec des phrases de ce type : « Ce n'est pas beau de te mettre en colère » ; « Mais, tu dis n'importe quoi, bien sûr que tu l'aimes ta sœur ! ».

PETIT PLUS

Des idées pour accompagner les émotions des enfants

- **Reconnaître les signes annonciateurs d'une crise de larmes ou de colère** : les poings serrés, les mâchoires crispées, le silence, un soupir, un mot vulgaire... Intervenir le plus vite possible en demandant ce qu'il ne va pas.
- **Lui demander de dessiner** ce qu'il ressent ou de l'écrire.
- **Verbaliser ce qu'il ressent en faisant des suggestions** lorsqu'il n'arrive plus à mettre des mots : « Tu sembles fâché contre papa ou maman » ; « J'ai l'impression que la situation te rend très triste ».
- **Valider les émotions en posant une question** : « Peut-être aurais-tu préféré une autre solution ? » ; « As-tu envie de faire ta valise pour changer de maison ? ».
- **Trouver des outils pour gérer les émotions** : une boîte remplie de fidgets, sablier, boîte à musique ou à histoires, casque antibruit, mandala à colorier, pâte à modeler. Attention, il est préférable de ne pas utiliser le coussin de la colère qui montre à l'enfant qu'il a le droit d'utiliser la violence pour passer sa fureur.
- **Un temps de pause, chacun de son côté** pour s'apaiser et retrouver ses esprits.
- **Sortir, marcher, prendre l'air**, respirer pour se calmer et se changer les idées.
- **Créer une relation de confiance** en vous rendant disponible chaque jour pour l'enfant.

- **Prendre le temps de l'écouter** et répondre à ses questions.
- **Développer le sentiment d'importance et d'appartenance** à une famille en rappelant à l'enfant combien vous l'aimez et qu'il compte à vos yeux. Chaque enfant a besoin de se sentir au cœur d'une famille qui l'aime, même si les parents sont séparés.

b. Déterminer les priorités

En tant que parent solo, vous avez trop de choses à faire en si peu de temps !

Soyez réalistes, fixez-vous des petits objectifs. Impliquez les enfants pour qu'ils apprennent à devenir plus autonomes, débrouillards, responsables et respectueux.

c. Établir de nouvelles règles de vie : qu'est-ce qui vous dérange en ce moment ?

Notez les deux choses que vous aimeriez changer. Il s'agira de deux missions pour la semaine, la quinzaine ou le mois à venir.

Il est préférable d'axer vos demandes sur un ou deux efforts à la fois plutôt que d'avoir une longue liste de règles de vie que personne ne respecte. Les missions sont des efforts demandés à tous les membres de la famille, vous y compris.

En fin de semaine, on se réunit pour faire le point, pour s'encourager, se féliciter ou poursuivre la mission encore une semaine jusqu'à ce qu'elles deviennent une habitude (et que l'on trouve une autre mission à relever).

i. Une mission par semaine ou par mois

Voici un tableau qui montre à la fois le type de difficultés que l'on peut rencontrer au quotidien et les objectifs à viser, associés à ces difficultés.

Difficulté rencontrée	Mission de la semaine
À table, tout le monde veut prendre la parole en même temps, personne ne s'écoute.	Utiliser un bâton de parole ou un timer, et donner un temps de parole à chaque enfant.
Les enfants hurlent tous les soirs en rentrant de l'école.	Toute la famille chuchote dès que l'on franchit la porte d'entrée. Mettre une lumière tamisée.
Les enfants se chamaillent en permanence.	On se sépare et chacun va s'isoler dans un endroit défini à l'avance pour se calmer.
Les enfants courent dans la maison.	Marcher lorsqu'on se déplace en faisant des petits pas de fourmi.
Les enfants laissent traîner leurs affaires dans l'entrée.	Prévoir un porte-manteau et une caisse pour ranger les chaussures par enfant, écrire le prénom dessus.
Les enfants ne rangent pas leur chambre.	Leur demander de ranger une chose après l'autre en leur indiquant comment et où ranger. Leur montrer puis les encourager à le faire seul, les féliciter.
Les enfants veulent utiliser la salle de bains en même temps.	Prévoir un roulement avec une heure de passage et l'afficher sur la porte de la salle de bains.
Les enfants se trompent de serviette de toilette.	Attribuer une couleur de serviette par membre de la famille (cela peut être également utile pour les brosses à dents).
Les enfants ne veulent pas se déconnecter des écrans.	Afficher la règle de ce qui est permis de faire avec les écrans : les jours, la durée, quel temps d'écran, quelle utilisation, où ? Lorsque l'enfant se déconnecte à l'heure indiquée sans râler ou négocier, il gagne un bonus de 5 minutes sur la prochaine connexion.
Les enfants laissent traîner leur linge sale.	Prévoir deux bacs de linge sale : un pour les couleurs et l'autre pour le blanc, indiquez à l'enfant où déposer son linge.

Les enfants refusent d'aller se coucher à l'heure indiquée.	Mettre en place une routine d'au moins 30 minutes avant l'heure du coucher : les dents, les toilettes, le verre d'eau, l'histoire, le câlin et le coucher. Prévoir un jeton pour une seule autorisation de se relever en cas de besoin express.
Le parent se répète sans cesse.	Utiliser des routines pour ne plus répéter et responsabiliser les enfants en les rendant plus autonomes.
Le parent fait tout à la maison.	Utiliser un planning de répartition des tâches en fonction des âges et des capacités.
Le parent crie tout le temps.	S'engager à ne plus crier mais à se déplacer vers l'enfant, à attendre qu'il regarde vers soi avant de lui dire calmement ce qu'il va devoir faire. Les enfants ont pour mission de vous obéir et de vous encourager à ne plus crier.

ii. Encourager tous les efforts

Même si vous pensez qu'il est normal d'agir comme vous le souhaitez, les enfants apprécient d'entendre que vous êtes satisfait par leurs progrès, par toutes leurs bonnes volontés. Il est essentiel d'ancrer la relation sur la confiance. Par exemple : « Je peux te faire confiance pour t'accorder avec ta petite sœur sur le jeu que l'on va faire ce soir » ; « Vous êtes capable de suivre le planning établi », etc.

Je réfléchis à mon nouveau rôle de parent solo dans l'éducation de mes enfants

- J'ai des attentes claires et réalistes.
- Je les ai affichées et je n'en demande qu'une ou deux à la fois à mon enfant.
- J'adapte l'environnement pour le rendre plus accessible ou pratique pour mon enfant afin de l'aider à devenir autonome.

- Je pratique l'écoute empathique (j'écoute aussi sans parler).
- Je suis ouvert(e) aux questions et disponible pour y répondre.
- J'accueille leurs idées, leurs propositions, leurs suggestions.
- J'accueille les émotions de mon enfant, je l'aide à les verbaliser.
- Je passe tous les jours un temps de qualité avec chacun d'entre eux de manière individuelle.
- Je reconnais leurs efforts, leurs progrès, leurs talents et je leur dis de manière précise et factuelle plusieurs fois par jour.
- Je leur donne l'opportunité d'aider, de prendre part aux tâches de la maison en m'aidant d'un planning.
- Je prends le temps de leur montrer, de leur apprendre comment faire une tâche à la maison.
- Je mets la coopération au centre de mes valeurs familiales.
- Je mets en place une mission par semaine : un effort suivi par tous les membres de la famille.
- Je les remercie pour l'aide et la bonne volonté.
- Je mets en place des moments de gratitude : chacun se remercie pour une action, une intention...

Bon à savoir
Les punitions sont des signes d'impuissance

Après avoir demandé, répété, argumenté au moins dix fois avant que l'enfant exécute votre demande, vous pouvez vous sentir démuni et excédé. Les menaces, les cris, les punitions arrivent bien souvent suite au sentiment d'impuissance.

iii. Se souvenir de sa propre enfance

Souvenez-vous d'une punition que l'on vous a donnée quand vous étiez petit ? Qu'aviez-vous ressenti à l'époque ? De la gêne, de l'embarras, de la peine, de la colère, de l'injustice, de la peur, de la honte ?

Suite à ces sentiments, quelles ont été vos réactions ? Aviez-vous envie de vous révolter, de résister, de mentir, de blâmer les autres, de tricher ou de faire en cachette la fois suivante, de vous venger ? Ou bien, vous êtes-vous enfermé sur vous-même et avez-vous obéi tout en perdant toute confiance en vous (« Je suis nul », « Je ne suis pas capable »...) ?

Vous l'aurez compris, punir un enfant ne l'aide pas à réfléchir sur ce qu'il a fait ou mal fait. La punition entraîne différentes émotions fortes qui l'empêchent justement de prendre du recul, de se rendre compte de ce qui ne va pas, de prendre de nouvelles résolutions. Punir ne permet pas de se remettre en question et de progresser.

Mais ne pas punir ne veut pas dire tout permettre !

Voici des alternatives efficaces à la punition :

- poser des questions à l'enfant : que s'est-il passé ? Que penses-tu de ta réaction ? Quelles sont les conséquences de ton attitude ? D'après toi, que ressent ta sœur, ton copain... ? ;
- reformuler les propos de l'enfant : d'après ce que j'ai compris... ;
- rechercher des solutions ensemble : comment peux-tu réparer ton acte ? Comment peux-tu t'excuser de tes propos ? Vous pouvez lister ensemble plusieurs solutions constructives pour réparer, s'excuser, etc. ;
- utiliser les conséquences naturelles. Celles-ci sont le résultat logique d'un comportement. Si l'enfant casse un jeu, il ne pourra plus l'utiliser. Ces conséquences sont souvent plus efficaces que des punitions données de manière impulsive et sous le coup de la colère du parent car elles aident l'enfant à réaliser et à comprendre les conséquences de ses actions ;
- développer ses habiletés sociales : comment dois-je me comporter avec les autres ? Attendre mon tour, faire preuve d'empathie ou de politesse...

À retenir

Pour reprendre en main l'autorité en tant que parent solo

- Apprenez à décrypter et accompagner les émotions fortes des enfants.
- Déterminez vos priorités en fonction des valeurs éducatives que vous souhaitez transmettre à vos enfants.
- Mettez un cadre en prévoyant des missions pour toute la famille. Ces missions peuvent être différentes chez l'autre parent.
- Encouragez tous les efforts, les progrès ou les bonnes initiatives des enfants.
- Évitez la punition car elle entraîne des sentiments de revanche ou de rébellion sans apprendre aux enfants à réfléchir à leur conduite.

5. L'art de communiquer pour mieux s'entendre

« Il n'existe pas d'autre éducation intelligente que d'être soi-même un exemple »

Albert Einstein

Max ne veut plus crier

Comment faites-vous pour être zen ? Je sais que l'on ne doit pas crier sur les enfants mais c'est tellement difficile ! Avec mon ado de 13 ans je n'y arrive pas. Il me répond, me dit que ce n'est pas lui, hausse aussi le ton et cela se termine avec des hurlements. C'est à celui qui criera le plus fort.
C'est tellement dommage de gâcher nos journées par des cris.

a. Réussir à communiquer sans s'énerver, crier, hurler...

Comment rester dans de bonnes dispositions pour que le volume de notre voix n'augmente pas tout au long de la journée ? Comment se ressaisir quand on perd son sang-froid et que la colère s'empare de nous ? Comment arrêter de hurler quand nous sommes totalement sortis de nos gongs ?

PETIT PLUS

Astuces pour crier moins !

Voici quelques conseils pour baisser le ton.

Admettre le changement : vous ne souhaitez plus communiquer ainsi, montrer à vos enfants que vous perdez tout contrôle de vous-même. Répétez-vous que vous aimez vos enfants, qu'ils vous regardent tous les jours et apprennent de vos réactions. Racontez par écrit le dernier épisode « désastreux » où vous n'avez pas pu faire autrement que de hurler pour vous faire écouter. Accueillez ce moment en vous disant qu'à partir de maintenant vous ferez tout pour changer : « Je vais être attentif à mes ressentis, mes besoins et sentir quand je perds pied avant de hurler sur mes enfants ».

Prendre conscience : écrire permet aussi de comprendre d'où viennent nos colères. Très souvent, les cris arrivent suite à une accumulation de tensions, de frustrations, de tracas personnels et l'enfant n'est que l'élément déclencheur. Posez-vous cette question : suis-je en colère, fatigué, énervé, dépassé... ou ce sont mes enfants qui agissent mal ?

Afficher une photo de chaque enfant bébé et souriant dans votre salon. Quand vous sentez la moutarde vous monter au nez, approchez-vous des photos, observez-les et rappelez-vous combien ils étaient mignons et fragiles.

Chanter au lieu de hurler : « C'est une maman qui dit non, non, non, non, non... » ; « J'ai envie de crier, hé hé hé »... Vous pouvez aussi siffler fort.

Danser : mettez votre musique préférée ou celle de votre adolescence et bougez au beau milieu du salon.

Imaginer une caméra cachée dans votre maison qui filme tous vos faits et gestes et qui enregistre et mémorise aussi les sourires, les discussions apaisées...

Demander du soutien, cela fait du bien. Créer un réseau de soutien « parent zen », en notant sur un post-it le numéro de la personne toujours joignable, de la personne qui sait « vraiment » vous écouter, de la personne qui peut prendre le relais...

Changer ses mots de passe : écrire « jenecrieplus » ou « jerestezen » pour vous le rappeler au quotidien. Vous pouvez également mettre des rappels sur votre téléphone.

Respirer : ouvrir la fenêtre, sortir quelques instants et prendre de grandes inspirations et souffler le plus lentement possible. Vous oxygénez votre cerveau et retrouverez plus facilement vos esprits.

Éteindre la lumière : dans la pénombre, les enfants se calment instantanément. Profitez-en pour allumer une veilleuse ou une bougie.

Sourire : il est impossible de crier en souriant. Et quand vous aurez tenté le sourire, vous pouvez aussi murmurer dans votre barbe « je t'aime » à votre enfant... Il est pratiquement impossible de hurler et de dire je t'aime en même temps.

Chut ! Utiliser le langage des signes ou mettez un doigt sur votre bouche.

Crier dans le placard aux serviettes de toilette : les objets ne seront jamais traumatisés par vos cris. Et vous pouvez donner cette idée à vos enfants quand eux aussi auront envie de hurler.

S'isoler dans sa chambre : si les enfants ne risquent rien. Prenez quelques minutes loin de la source de colère, de la situation qui vous pose problème.

Utiliser une boule antistress ou pétrir une pâte à pain ! Appuyez, étirez, retournez, aplatissez... jusqu'à ce que la colère s'estompe.

Boire un verre d'eau froide le plus lentement possible, se laver les mains ou s'asperger le visage d'eau fraîche : rien de tel pour retrouver un peu de sérénité.

Croquer dans une pomme ou dans un caramel : il est difficile de crier la bouche pleine !

Porter un bracelet sur lequel il est inscrit : « Je ne crie plus ».

Bouger, s'étirer, sauter ou courir sur place... Attirez ainsi l'attention de vos enfants et laissez-les dubitatifs et pantois.

Convoquer les enfants à un conseil de famille immédiat. Posez des questions jusqu'à ce que plus personne ne crie ni aie envie de vous répondre.

Tambouriner sur un coussin ou sur sa poitrine tel un gorille (si vraiment vous n'arrivez pas à retenir votre cri).

Imprimer des panneaux rappelant de ne plus crier et les coller dans la maison.

Panneaux de signalisation anti-cris

Je réfléchis aux moyens de m'apaiser

Je prends une douche ou un bains.
Je me fais un automassage.
Je fais des étirements.
Je fais du sport.
Je fais une séance SPA dans ma salle de bain : massage, gommage, soin du visage, serviette chaude et humide sur le visage.

Je diffuse des huiles essentielles.
J'allume des bougies.
Je ne fais rien pendant une minute.
Je sirote une boisson chaude.
Je bois une boisson fraîche avec une paille.
J'appelle un ami.
J'écoute de la musique.
Je m'étire ou je bouge.

☞ **Je note ce que j'aimerais tenter pour éviter de crier**

....

....

....

....

....

....

....

....

b. Utiliser la communication non violente à la maison

« Je peux admettre que tu me dises
Ce que j'ai fait ou je n'ai pas fait,
Et je peux admettre tes interprétations,
Mais je t'en prie, ne mélange pas les deux »

Marshall B. Rosenberg

Marshall B. Rosenberg a imaginé une communication permettant de transformer les conflits potentiels en dialogues apaisés[9]. L'objectif de la communication non violente

9. Marshall B. Rosenberg, *Les Mots sont des fenêtres (ou bien ce sont des murs)*, Paris, La Découverte, 2016.

est d'utiliser les interactions humaines tout en essayant de les vivre de manière consciente. Elle nous demande de reconsidérer la manière dont nous nous adressons aux autres. Quand les mots sortent sous forme de réponses non réfléchies, ils peuvent heurter ou blesser l'autre.

La communication non violente demande de porter sur l'autre un regard empreint de respect et d'empathie. Elle renforce notre sens de l'observation et de l'écoute de soi et des autres, tout en déjouant les vieux mécanismes de défense, de retraite ou d'attaque.

PETIT PLUS

La démarche de la CNV

La communication non violente peut s'appliquer avec votre ex-conjoint et vos enfants.

Observez sans évaluer le comportement de l'autre, ses paroles et en quoi elles vous touchent, vous affectent. Ne portez pas de jugement, ne faites pas de comparaisons. Séparez l'observation de l'évaluation.

Voici un tableau pour mettre en pratique la communication non violente.

Exemple d'observation mêlant l'évaluation	Exemple d'observation sans évaluation ou interprétation
Lucas est sot !	J'ai observé que Lucas embêtait sa sœur ce matin.
Youssef ne fait jamais ses devoirs.	Je pense que Youssef ne va pas rendre son travail scolaire.
Si Rose ne travaille pas à l'école, elle va être en échec scolaire.	Rose m'a dit qu'elle se laissait distraire à l'école et ne travaillait pas.
Mon fils est moins sage que ma fille.	Mon fils n'écoute pas les consignes depuis une semaine.
Clara écrit très mal.	Je n'arrive pas à déchiffrer l'écriture de Clara.

Anton ne sait pas jouer au foot, c'est un mauvais footballeur.	Je n'ai pas vu Anton marquer de but lors de son dernier match.
Ton père est égoïste, il ne pense qu'à lui.	Ce week-end, ton papa est en vacances mais il vient te chercher la semaine prochaine pour aller au ski.

Lorsque nous mêlons observation et interprétation, l'autre peut percevoir cela comme une critique.

i. Exprimer son sentiment

Exprimer son sentiment, c'est réagir et exprimer ce que l'on ressent : « Qu'est-ce que j'éprouve ? » ; « Qu'est-ce que je ressens dans cette situation ? ».

Voici quelques adjectifs exprimant ce que nous pouvons ressentir.

Abandonné	Déconcerté	Fragile
Abattu	Découragé	**Gai**
Accablé	Déçu	Hésitant
Accueillant	**Délicat**	**Heureux**
Actif	**Délivré**	Honteux
Admiratif	Démuni	Ignoré
Affolé	Dépassé	Incompris
Agacé	Dérangé	Impuissant
Agité	Désarmé	Mécontent
Alarmé	Désespéré	Menacé
Amer	**Dévoué**	Méprisé
Anxieux	**Diplomate**	Mésestimé
Blessé	**Ébahi**	**Optimiste**
Bloqué	Embarrassé	**Paisible**

Calme	Énervé	Pessimiste
Captivé	Épuisé	Non entendu
Chagriné	Excédé	Non soutenu
Choqué	Fatigué	Réticent
Confus	**Flexible**	Soucieux
Contrarié	**Fier**	Vexé

Faites attention à ne pas exprimer des sentiments qui entraînent un reproche ou une critique : « Quand tu t'en vas, j'ai l'impression que tu ne m'aimes pas ». Il est préférable de parler de soi : « Je me sens peiné quand tu t'en vas ».

ii. Exprimer son besoin

Selon Marshall Rosenberg, quand on nous adresse un message négatif, nous avons quatre réactions possibles :

- « Tu ne fais pas d'effort dans l'éducation de notre enfant, tu ne viens même pas à la réunion parents-professeurs » : nous nous sentons fautifs, nous entendons les paroles de l'autre comme un reproche ou une accusation.
- « Toi aussi tu n'es pas toujours présent aux rendez-vous de l'école » : nous souhaitons reporter la faute sur l'autre.
- « Quand tu m'annonces que tu ne viendras pas à la réunion des professeurs, je me sens démuni et déconcerté » : nous exprimons nos sentiments.
- « Te sens-tu affecté quand je t'annonce que je ne pourrais pas être à la réunion des professeurs ? » : au lieu de blâmer les autres, nous devinons leurs ressentis, tout en acceptant aussi nos responsabilités.

Derrière les critiques, les jugements, les interprétations se cache un besoin inexprimé. L'autre n'entend que le reproche et il va réagir en ripostant. « Si nous exprimons nos besoins, nous augmentons nos chances qu'ils soient satisfaits », explique Marshall

Rosenberg. Au lieu de nous concentrer sur les défaillances de l'autre, trouvons notre besoin et exprimons-lui : « Je demande à l'autre d'agir avec des actions concrètes pour que je me sente mieux, pour que mon besoin soit respecté » ; « J'ai besoin d'être écouté » ; « J'ai besoin d'aide » ; « J'ai besoin de compréhension, de confiance, d'honnêteté, de sincérité, de soutien... ». L'autre ne peut pas deviner vos attentes, à vous de lui exprimer clairement ce dont vous avez besoin.

Voici quelques exemples : « Je ressens de la colère quand tu me dis cela, j'entends tes paroles comme une insulte, j'ai besoin de respect » ; « Tu devais venir chercher les enfants à 18 heures, tu es arrivé à 20 heures sans donner d'explication, je suis déçu parce que j'aimerais compter sur ta parole » ; « Je suis triste que nous n'ayons pas pu trouver un accord concernant les dates de garde pendant les vacances, j'espérais que l'on puisse se comprendre et s'entendre ».

iii. Apprendre à demander

Apprenez à demander en respectant les critères suivants : la demande doit être réalisable, concrète, précise et formulée positivement. Si cela est possible, faites en sorte que l'action soit faisable dans l'instant présent.

Outre l'emploi du langage positif, il est également important d'éviter les formulations vagues ou ambiguës. Un langage peu précis peut semer la confusion. Les demandes ne doivent pas être exprimées comme des exigences. Si vous dites : « Les enfants m'épuisent en ce moment », votre demande d'aide ou de garde n'est pas clairement exprimée. Si vous dites « Depuis la séparation, j'ai la garde des enfants, je me sens épuisée, j'ai besoin d'aide. Est-il possible pour toi de venir les chercher plus tôt vendredi prochain ? », vous aurez clairement exprimé votre demande. Plus nous sommes précis sur ce que nous souhaitons, plus nous avons de chance de l'obtenir.

Nous pouvons nous assurer que notre interlocuteur ait bien compris en lui posant une question : « Est-ce que j'ai été clair ? » ; « C'est clair ? ». Attention toutefois aux formules : « Tu ne m'as pas écouté » ; « Ce n'est pas ce que j'ai dit », mais dites plutôt : « Je constate que je n'ai pas été assez précis dans ma demande », et la reformuler.

Bonhomme de la Communication Non Violente

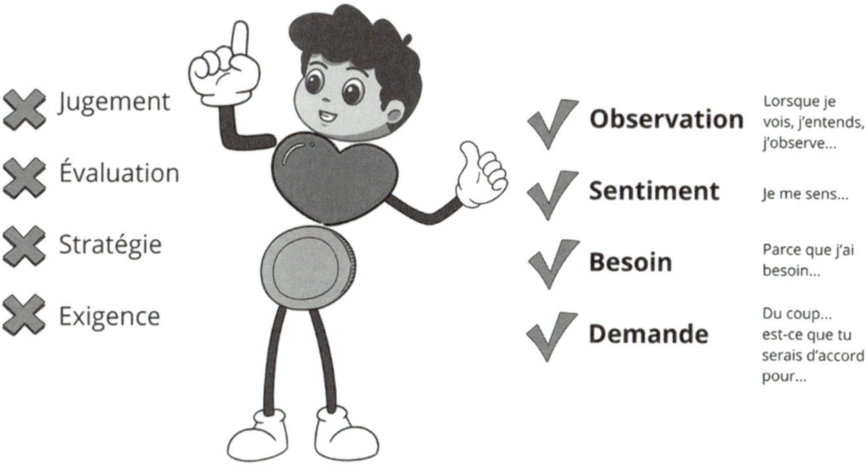

À retenir

- Arrêter de crier nécessite une prise de conscience et une volonté de faire autrement. Réfléchissez à un nouveau mode de communication tout en gérant ses émotions.
- Utilisez la communication non violente comme un moyen de vous relier à vous-même et aux autres avec bienveillance. Elle nécessite de connaître et reconnaître ses sensations, ses besoins et de les formuler sans juger, évaluer ou exiger. La CNV vous invite à formuler mutuellement des demandes claires et précises. En ajoutant de l'empathie, vous pouvez redonner vie à une communication rompue ou difficile.

6. Une nouvelle vie

« Le bonheur veut tout le monde heureux »

Victor Hugo

Mia veut retrouver le bonheur

Cette séparation m'a fait couler beaucoup de larmes... Mais aujourd'hui, je suis déterminée à faire vivre à mes filles la meilleure des enfances possibles ! Je recherche de l'inspiration pour retrouver de la joie au quotidien sans forcément dépenser beaucoup d'argent.

J'ai créé une petite cabane à histoires dans laquelle on se réfugie juste avant d'aller se coucher pour écouter l'histoire du soir. J'ai envie de créer des moments de qualité avec elles. J'ai envie qu'elles aient de magnifiques souvenirs de leur enfance.

a. Croire en mes compétences parentales

Qu'est-ce que le sentiment de compétence parentale ? C'est la perception qu'a un parent de sa capacité à prendre soin de son enfant. Cela témoigne de sa confiance en ses compétences à être une bonne mère ou un bon père. On tient généralement compte de deux dimensions pour le mesurer :

- **l'efficacité parentale** : c'est-à-dire, est-ce que je sais répondre aux besoins quotidiens de mon enfant ? Quand le parent se sent efficace, il est satisfait de lui. À l'inverse, il peut douter, et trouver son rôle peu gratifiant ou satisfaisant ;
- **la satisfaction parentale** : c'est le niveau de valorisation que le parent retire lorsqu'il s'occupe de son enfant.

Il est important de se faire confiance en tant que parent, surtout après une séparation où l'on a peut-être entendu des critiques ou des accusations. Il ne faut plus attendre le regard de l'autre parent pour valoriser ses compétences parentales.

Sentiment d'auto-efficacité personnelle

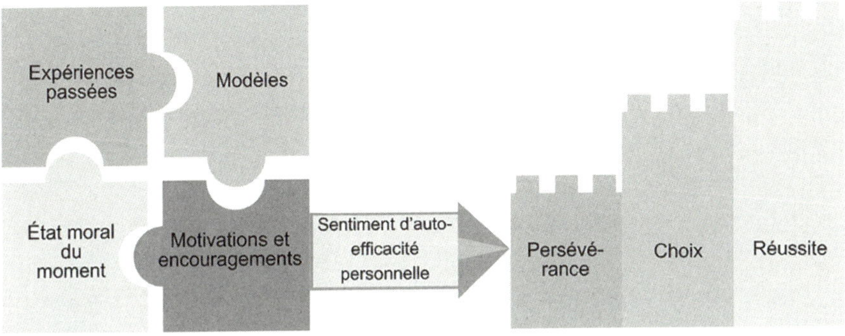

Bon à savoir

Se sentir bon parent ne veut pas dire être un parent parfait ! L'éducation parfaite n'existe pas ! Évaluer son sentiment de compétence parentale permet de reconnaître ses forces et ses faiblesses sans culpabiliser. Parfois, les difficultés de la vie (ou le regard des autres) peuvent nous faire douter de nos compétences parentales. Dites-vous que personne ne connaît mieux votre enfant que vous-même et faites-vous confiance !

Je me sens à l'aise dans mes fonctions parentales quand :

- j'accepte de parler facilement de mon rôle de parent ou de mes enfants ;
- je suis capable de répondre aux besoins de mon enfant ;
- je me sens capable de mettre des règles et des limites ;
- je sais faire respecter les règles de vie à la maison ;
- je me sens à l'aise dans mon rôle de parent ;
- je suis à l'aise pour échanger de tous les sujets avec mon enfant ou mon adolescent ;
- je suis capable de répondre à la curiosité de mon enfant et à son envie de découvrir, d'apprendre ;

- je me sens capable d'aider mon enfant en cas de difficulté ;
- je sais répondre aux demandes affectives de mon enfant ;
- je développe la confiance en soi de mon enfant.

☞ **J'écris en quoi je me sens être un parent compétent**

....

....

....

....

....

....

....

....

PETIT PLUS

Allégorie de la grenouille (à lire et à raconter aux enfants)

Une bande de grenouilles décide d'organiser une course. L'enjeu est d'être la première à arriver tout en haut d'une très grande tour. Dès que la nouvelle se répand dans le village, des tas de grenouilles curieuses se rassemblent pour voir la course.

La course commence. De nombreux spectateurs pensent que les grenouilles n'atteindront jamais la cime. Les seules phrases que l'on peut entendre sont : « Quelle tristesse ! Elles n'y arriveront jamais ! Elles sont bien trop lentes, c'est trop haut pour elles » ; « Une grenouille n'est pas faite pour grimper aux tours » ; « Retournez dans la marre avec les canards »...

Au bout de quelques minutes, certaines grimpeuses se sentent si découragées qu'elles quittent la course. D'autres succombent à la fatigue et préfèrent s'asseoir pour regarder celles qui grimpent... peu à peu, toutes les grenouilles abandonnent.

Toutes, sauf une, qui continue de grimper lentement, sans relâche tandis que les spectateurs insistent de plus belle : « Descends, tu n'y arriveras jamais ! » ; « Ce que tu es ridicule » ; « Mais elle va tomber ! ». Pourtant, inlassablement, la petite grenouille continue à avancer. Finalement, avec d'énormes efforts, elle rejoint le sommet de la tour.

Médusées, les autres grenouilles veulent savoir comment elle a fait pour terminer l'épreuve et l'une d'entre elles s'approche pour le lui demander.

Quand elle est tout près d'elle, elle doit lui répéter sa question, c'est ainsi qu'elle découvre que la grenouille gagnante était sourde !

MORALITÉ : n'écoutez pas les personnes (ou les saboteurs) qui ont la mauvaise habitude d'être négatives et vous dévalorisent ! Soyez toujours sourd quand quelqu'un vous dit que vous ne pouvez pas réaliser vos rêves.

b. Changer mes habitudes

i. Choisir l'objectif à atteindre

Il est important de comprendre ce qui ne vous convient pas, si une mauvaise routine ou une habitude vous empêche de vivre sereinement. Par exemple, vous n'avez plus assez de temps pour vous, vous avez l'impression que les soirées passent trop vite et que vous n'avez pas le temps de tout faire. Est-ce parce que vous passez la soirée sur les écrans et que vous ne dormez pas suffisamment ?

1. Et si vous définissiez un nouvel objectif ?

- je veux au moins 15 minutes par jour pour me ressourcer, prendre soin de moi ;
- je veux passer moins de temps dans la préparation des repas chaque soir ;
- je veux écouter de la musique ou des podcasts sans regarder les écrans.

2. Remplacez l'habitude par une nouvelle routine :

- je me lève plus tôt pour avoir 15 minutes de temps pour moi avant le réveil des enfants ;

- je m'organise le dimanche pour cuisiner à l'avance les repas de la semaine afin d'avoir plus de temps pour profiter des enfants;
- je prévois ma playlist et je mets un rappel « heure d'aller au lit » sur mon téléphone.

3. Pratiquez et répéter pendant au moins 21 jours. C'est le temps minimum pour que la nouvelle routine devienne une habitude.

ii. Éviter le train-train quotidien

Pour éviter que des routines accaparent votre temps à mauvais escient vous pouvez : trouver une nouvelle organisation à la maison selon vos principes et vos envies ; repérer les petites habitudes et oser sortir des automatismes ; repérer les difficultés du quotidien et oser les modifier ; anticiper les journées en préparant les affaires la veille ou les week-ends où vous n'avez pas la garde des enfants...

Je réfléchis à ma semaine passée et je note toutes mes habitudes

- Je prends une douche tous les matins.
- je m'occupe des enfants avant de me préparer le matin.
- je passe par le même itinéraire tous les jours pour aller travailler.
- tous les vendredis, c'est pizza à la maison.
- je fais mes courses au supermarché du coin le samedi à 10 heures, etc.

☞ **Je note les habitudes que j'aimerais conserver et celles que j'ai envie de changer**

....

....

....

....

....

....

....

....

☞ **Je reprends le contrôle de ma vie en y ajoutant de la fantaisie !**

J'instaure un rituel de félicitations toutes les semaines, je pointe mes réussites et je me félicite ! C'est l'heure des victoires de la semaine !

J'épargne quelques euros chaque semaine pour m'offrir une surprise en fin de mois.

Je prends le temps le dimanche soir de trouver les bons plans de la semaine.

Je commence un journal intime pour y inscrire tous les défis de ma vie.

Je trouve un nouveau rituel du rire à la maison : on écoute des comiques, on se raconte des blagues, on invente des jeux de mots.

Je découvre ce qui augmentera mon niveau de satisfaction et de bonheur.

c. Mettre en place un temps de qualité avec mes enfants

Les nombreuses activités quotidiennes du parent solo, le travail, les tâches ménagères, les activités extrascolaires, les rendez-vous chez le dentiste ou l'orthophoniste, etc., réduisent considérablement le temps passé avec les enfants. L'idée est de trouver, à votre rythme et selon votre organisation, de petits moments hors du cadre habituel « boulot-devoirs-repas-bain-dodo ».

Et si on laissait un peu la vaisselle ou la poussière et que l'on prenait un moment de complicité avec chaque enfant ? Peu importe leur âge, les enfants ont besoin de passer un moment par jour, seul avec leur parent. Ces temps privilégiés sont essentiels pour développer un lien d'attachement sécure avec leur parent. L'enfant se sent apprécié, aimé, reconnu, tout en ayant sa place au sein de la fratrie. Ce moment permet l'écoute, le partage, les confidences. Ce temps partagé augmente la confiance en soi de l'enfant mais aussi sa joie de vivre !

PETIT PLUS

Mode d'emploi du temps précieux

1. Se libérer tous les jours quelques minutes (10 minutes suffisent) pour prendre du temps pour chaque enfant.

2. Trouver de l'aide : certaines tâches peuvent être revues, éliminées ou gérées différemment (une fois que tout le monde est couché par exemple), ce qui vous laissera plus de temps en famille.

3. Privilégier la régularité à la quantité : il vaut mieux 10 minutes tous les jours que 3 heures le samedi. En faire un moment d'exclusivité : aucun autre enfant n'est présent.

4. Demander à l'enfant ce qu'il aimerait faire avec vous, lui laisser faire des choix (nous sommes très directifs le reste du temps). Il décide du jeu ou du livre, dans la limite de l'acceptable bien entendu ! L'idée est que vous preniez également du plaisir. Ce moment-là doit être agréable : on n'aborde pas les sujets qui fâchent comme la dernière dispute avec son frère ou les dernières mauvaises notes. Parlez-lui de ce qui l'intéresse, regardez-le attentivement lorsqu'il répond. Dites-lui que vous appréciez ce qu'il vous raconte. Ce temps-là doit être mis en place de manière régulière et avoir lieu quel que soit le comportement de l'enfant juste avant (on ne menace pas de ne pas faire le temps précieux).

5. Se connecter à l'enfant en laissant son téléphone ou tout autre écran à la porte de sa chambre. On est souvent happé par les sollicitations : appels, notifications, messages… Notre attention se trouve morcelée et il nous est difficile d'être entièrement disponible : le plus important c'est votre présence mentale complète.

6. Encourager au-delà des échecs : la tour de jeu de construction s'écroule, la partie du jeu qui s'achève et c'est le drame ! Chaque enfant éprouve un jour de la peine. L'écouter, le réconforter pour dépasser la tristesse et répondre à ses questions.

Il vous faut donc créer **un temps dédié au bonheur** : une bulle d'amour inconditionnel, d'attention exclusive, de présence à l'autre, un bonheur partagé, un moment de rire et de partage... loin de tout tracas ou culpabilité ! C'est un moment pour réaffirmer son amour. Lorsque le parent partage un moment de qualité avec son enfant, ils sécrètent tous les deux de l'ocytocine qui crée un sentiment de bien-être.

Je réfléchis au moment de qualité

À quels moments de la journée je peux prendre du temps avec chaque enfant ? Quelle durée ?

M'organiser : qu'est-ce qui peut m'aider à me libérer du temps ? Comment anticiper, déléguer, planifier ?

Trouver un moment pour chaque enfant : que faire si j'ai plusieurs enfants ? Choisir un temps où les autres dorment ? Leur donner une occupation ?

Les activités que j'aimerais partager avec mon enfant : de la cuisine, du jardinage, du sport, ma passion, des jeux de société, des moments bien-être, des promenades, boire une tisane ou un chocolat chaud ensemble, mettre de la musique et faire une boum, etc.

☞ **Je note les idées d'activités que mon enfant veut faire avec moi**

Lire une histoire, se déguiser, faire des mimes, jouer à un jeu de société, construire une cabane, faire un goûter improvisé au milieu du salon, de la pâte à sel ou à modeler, des dessins, de la peinture, etc.

....

....

Les « bons » moments à partager avec toi

coupon n°01 — BON *pour* un petit-déjeuner au lit

coupon n°02 — BON *pour* une soirée tous les 2

coupon n°03 — BON *pour* une surprise

coupon n°04 — BON *pour* une soirée ciné

coupon n°05 — BON *pour* te dire je t'aime

coupon n°06 — BON *pour* une soirée gourmande

coupon n°07 — BON *pour* un compliment

coupon n°08 — BON *pour* un massage

À retenir

- La qualité du temps passé avec ses enfants est plus importante que la quantité pour renforcer le lien affectif.
- Peu importe l'activité, l'essentiel est d'être pleinement présent à la relation et d'éviter les distracteurs extérieurs.
- Un moment avec chaque enfant tous les jours ! L'exclusivité est importante.

d. Mettre du fun dans le quotidien

Voici, pour clore cet ouvrage, des propositions pleines de fantaisie et de créativité pour trouver de nouvelles habitudes de vie plus drôles et plaisantes à l'attention des petits et des plus grands. Maintenant à vous d'imaginer la vie qui vous ressemble !

Enfant de 0 à 2 ans :

- câlins à volonté ;
- baby music : de la musique à écouter ensemble ;
- instant rythme : danser dans les bras du parent ;
- guili-guili : un moment de chatouilles ;
- moments de détente : un massage après le bain ;
- bulle zen : créer une bulle zen avec un diffuseur de senteurs, des objets lumineux, des étoiles projetées au plafond...

Enfant de 2 à 4 ans :

- au bal masqué : organiser une soirée déguisée, déguisements improvisés avec des tissus, des accessoires : chapeaux, ceintures, collier de perles, éventail, etc. ;
- une journée à thème : dinosaures, chevaliers et princesse, animaux de la ferme, cirque ;
- activités manuelles : coloriage de dinosaures, fabrication d'un heaume ou d'une baguette magique, écoute de cris des animaux afin de les reconnaître, lancer de balles pour tenter de jongler, etc. ;
- une journée tout en orange ou autre couleur (vêtements, repas, cocktail de jus d'orange, jouets orange exclusivement...) ;
- une matinée pyjama : on reste tous en pyjama pour jouer, ranger la maison, danser, etc. ;
- à la loupe : on se promène dans un parc, une forêt, un bord de plage en emportant une loupe pour observer la

nature, les insectes, les arbres, les feuilles, la mousse, le sable... à la loupe!

Enfant de 4 à 6 ans:

- un camping dans le salon: on installe une petite cabane en tissu, on fait un pique-nique et on mange des guimauves pour le goûter. En fin de journée, on dîne à la lueur des bougies ou des lampes de poche!;
- crêpes party: on fait des crêpes pour le goûter, avec du sucre, de la confiture, du miel, ou du chocolat... tout est au choix;
- jeux olympiques à la maison: course dans le couloir, parcours du combattant dans le salon, concours de hula hoop (mettre un cerceau autour de sa taille et danser le plus longtemps possible sans le faire tomber);
- far west chez les cow-boys et les Indiens: on se déguise, on se maquille, on bricole des bandeaux d'Indien, on pratique le lancer de lasso avec une corde et un cerceau...

Enfant de 6 à 10 ans:

- chasse au trésor dans la maison: repérer les indices, décrypter les messages codés, lire le plan pour retrouver des petits cadeaux cachés dans la maison;
- atelier «chef au top»: on cuisine ensemble, on épluche des légumes, on râpe du fromage, on prépare une pizza, un gâteau ou des cookies...;
- journée à l'envers: on est habillé à l'envers, on recule au lieu d'avancer, on inverse l'ordre des plats en commençant par le dessert!;
- quart d'heure de folie: on danse, on rit, on saute de partout sur une musique entraînante (si vous n'avez pas de voisins proches);
- un repas «pique-pique»: tout est coupé en petits dés (concombre, tomate, radis, fromage, viande, fruits) et on utilise des cure-dents pour picorer et déguster;

- fêter un « non-anniversaire » : on fait un gâteau et on souffle des bougies ! Il y a même des petits cadeaux à fabriquer à l'avance (bricolage, dessin, peinture, mandala à colorier, collier de perles) et à s'offrir.

Enfant de 10 à 15 ans (et plus) :

- petit déj' au lit : super service en chambre ! Tout le petit-déjeuner est servi sur un plateau ;
- photos de famille : on sort les albums de photos, on découvre le grand-père à 4 ans et le mariage de la grand-tante... ;
- une journée libérée... de toute corvée ! Le restant de la famille se partage les corvées de l'enfant. Il peut les encourager et les remercier ;
- recevoir une lettre par la poste : un courrier qui retrace tous les bons moments de la vie de l'enfant, ses réussites, ses efforts... mais aussi quelques fous rires ;
- *escape game* à la maison : tenter de sortir d'une pièce en cherchant des indices, en trouvant des objets permettant d'ouvrir un verrou, en résolvant des énigmes ;
- boum à la maison : on danse sur toutes les musiques (c'est le moment de faire écouter les tubes de votre jeunesse) ;
- copain surprise : lui faire la surprise d'inviter son ou sa meilleur(e) ami(e) pour la journée ;
- repas aux chandelles : on allume les bougies pour un dîner poétique et romantique ;
- balade à la lampe frontale : attendre la tombée de la nuit et partir en expédition autour de la maison à la lumière de la lampe frontale.

PETIT PLUS

Boîte à outils des bons moments en famille

Le facteur de la bonne humeur : déposer une enveloppe par membre de la famille sur un meuble à la portée de tous. Écrire un prénom sur chaque enveloppe. Tout au long de la semaine, chaque membre de la famille devra écrire un ou plusieurs petits mots par jour à quelqu'un et le glisser dans son enveloppe. Les mots doivent être gentils, les messages permettent de s'excuser, remercier, encourager, féliciter quelqu'un. Le dimanche soir, tout le monde ouvre son enveloppe (attention à bien vérifier que tous les enfants aient des mots doux dans leur enveloppe).

Le sapin de la gratitude : dessiner un beau sapin de Noël (vous pouvez également faire un pommier avec des pommes ou tout autre arbre de la gratitude) avec des guirlandes et une étoile au sommet. Au cours du week-end ou de la semaine, chaque membre de la famille devra coller plusieurs boules de couleurs sur le sapin. Sur chacune des boules on remercie quelqu'un pour une action, un service, une aide...

Le poster des talents (qualités et compétences) de chacun : dessiner ou peindre chaque membre de la famille, écrire tout autour de son poster les talents qu'il possède : est-il adroit ? agile ? dégourdi ? enthousiaste ? audacieux ? Vous pouvez également décrire dans quelle situation il a montré son talent, raconter un souvenir le mettant en avant.

L'arc-en-ciel de l'audace : tracer un arc-en-ciel et indiquer un challenge à réaliser par jour.

- Rouge : c'est lundi et je souris à 10 personnes dans la journée.
- Orange : mardi je relève le défi de marcher 2 000 pas.
- Jaune : mercredi, j'ai 10 minutes chrono pour ranger ma chambre correctement.
- Vert : jeudi, fou rire garanti ! C'est le jour des blagues et des devinettes, la meilleure est récompensée en fin de journée.

- Bleu : vendredi, rituel santé du matin : sur une musique entraînante 5 minutes de gym tonique en famille, on se redresse, on s'étire au maximum de partout, on écarte les épaules, on bombe le torse, on inspire et on expire profondément, on sautille, on touche ses pieds, on lève le bras en criant « À la victoire ! » trois fois.
- Indigo : le samedi c'est journée gage quand on rouspète, quand on soupire, quand on s'énerve... Voici des idées : faire le tour de la pièce en marchant comme un canard, faire deviner la recette du gâteau au chocolat sans pouvoir parler, faire un avion en papier d'une seule main, tourner 4 fois (jusqu'à 10 fois pour les plus grands) sur soi-même et marcher droit 4 pas, citer un nom de fleur avec la première lettre de son prénom, marcher 2 minutes sur la pointe des pieds, danser sans musique, faire une belle grimace, laver les dents de quelqu'un de la famille, répéter plusieurs fois « panier, piano » sans se tromper, reconnaître la nourriture du repas les yeux bandés, etc.
- Violet : c'est dimanche, je prends soin de quelqu'un de la famille sans qu'il s'en aperçoive. En fin de journée, on tente de trouver qui a pris soin de qui.

Le bocal aux phrases positives : c'est un outil fantastique pour cultiver le positif et la bonne humeur. N'oublions jamais que les émotions, les sourires, le rire sont contagieux. Notre cerveau a tendance à focaliser sur le négatif, mais nous pouvons le programmer sur des pensées positives !

À vous de découper les étiquettes, de les placer dans un bocal. Chacun pioche une phrase le matin et la met dans sa poche pour passer une bonne journée. Vous pouvez modifier les phrases en fonction de l'âge et du niveau de compréhension de l'enfant.

Le bocal aux phrases positives

- Fais de ton mieux et pense à sourire.
- Crois en toi, le reste suivra !
- Tu es unique et précieux.
- Tente plusieurs fois avant de renoncer.
- Un nouvelle chance de rire à chaque nouvelle journée.

- C'est le moment de poursuivre tes rêves.
- Tu as plus de volonté que tu ne le penses.
- J'ai le droit de me tromper pour apprendre.
- Un sourire réchauffe le cœur des autres.
- Tout est possible : je peux le faire !
- J'ose !

Le bocal aux phrases positives... des parents

- **"Le bonheur n'est pas quelque chose de prêt à l'emploi. Il vient de vos propres actions."** Dalaï-Lama
- **"La seule façon de faire du bon travail est d'aimer ce que vous faites."** Steve Jobs
- **"Vous ne trouverez jamais l'arc-en-ciel, si vous regardez toujours vers le bas."** Charlie Chaplin
- **"La joie de regarder et de comprendre est le plus beau cadeau de la nature."** Albert Einstein
- **"La vie est soit une audacieuse aventure, soit rien."** Helen Keller
- **"Soyez le changement que vous voulez voir dans le monde."** Mahatma Gandhi
- **"La joie ne se trouve pas dans les choses, elle est en nous."** Richard Wagner
- **"Le succès, c'est de passer d'échec en échec sans perdre son enthousiasme."** Winston Churchill
- **"Ce n'est pas parce que les choses sont difficiles que nous n'osons pas, c'est parce que nous n'osons pas qu'elles sont difficiles."** Sénèque
- **"La vie est une fleur dont l'amour est le miel."** Victor Hugo
- **"Soyez vous-même ; tous les autres sont déjà pris."** Oscar Wilde
- **"Si vous pouvez le rêver, vous pouvez le faire."** Walt Disney

Conclusion

Une séparation, même si elle se passe bien, entraîne un tourbillon de changements pour toute la famille. C'est le moment des remises en question, des sujets délicats à aborder, des chagrins ou peines à consoler.

Très vite, il va falloir réfléchir au mode de communication et définir ensemble si possible la nouvelle organisation : les choix des lieux de vie, le changement ou pas d'école, la répartition des jours de garde, la pension alimentaire, etc.

Vous l'aurez compris, la séparation ne change pas vos fonctions parentales ! Vous allez devoir relever le défi de co-construire une parentalité à distance.

L'enfant, lui, a principalement besoin de vous entendre dire que vous l'aimez et qu'il pourra continuer à vous aimer de la même façon. Il n'a pas à faire un choix entre ses deux parents : il a le droit de les aimer tous les deux. Encouragez-le à se confier, à vous parler ouvertement de ses sentiments, de ses craintes. Prenez le temps de l'écouter, de le consoler et répondez à ses questions le plus honnêtement possible.

Il est temps aussi de prendre soin de vous, de suivre vos passions ou vos rêves, de retrouver le sourire et la joie de vivre ; le temps de décider d'augmenter son niveau de bonheur et celui de ses enfants.

Alors croyez en vous ! Croyez en votre bonheur et en celui de vos enfants.

À vous de tourner cette page et de commencer à écrire les prochains chapitres de ce livre : « Il était une fois... ma vie de parent solo (ou pas), telle que je l'ai imaginée... ».

Bibliographie

10 livres pour expliquer la séparation aux enfants

Debanne, A., Lefèvre, C. et Thiéry, C. (2023). *Mieux que les orages et les tempêtes.* Lille : Éditions Pera.

De Saint Mars, D. et Bloch, S. (2004). *Les parents de Zoé divorcent.* Coppet : Calligram.

Dolto, C. et Faure-Poirée, C., Robin (2019). *Vivre seul avec papa ou maman.* Paris : Gallimard Jeunesse - Giboulées n° 14.

Dolto, C. et Faure-Poirée, C., Robin (2019). *Les parents se séparent.* Paris : Gallimard Jeunesse - Giboulées n° 32.

Leymarie, M. et Graux, A. (2019). *Ma semaine avec toi papa.* Paris : Auzou.

Sarzaud, S. et Mérot, S. (2011). *Petit Violon. Le trio se sépare.* Paris : Éditions Eyrolles.

Vidal, S. et Thomas, L. (2017). *Sur mon fil.* Toulouse : Milan.

Walsh, M. (2012). *Chez papa et chez maman. Mes deux maisons.* Paris : Gallimard Jeunesse.

Warin, V. et Mossmann, N. (2015). *Mes parents divorcent, pas moi !* Rémilly : La Plume de l'Argilète.

Welsh, C. H. et Gilland, A. (2022). *Tout change. Lorsque les parents se séparent, la vie de famille évolue...* Paris : Kimane.

Remerciements

À mes enfants Léa et Guillaume, qui m'ont permis d'apprendre à composer avec le passé, le présent et certainement l'avenir ! J'ai été une maman solo comblée, ils ont embelli ma vie par leur maturité, leur créativité, leur fantaisie et leur amour.

J'ai envie de vous partager un doux moment avec mon fils lorsqu'il avait trois ans. Tous les soirs, avant d'aller se coucher, nous nous rappelions combien nous nous aimions :

« Tu sais, Guillaume, je t'aime grand comme la tour Eiffel.

- Moi, je t'aime plus haut que les plus hautes montagnes de la terre, réplique mon fils.
- Alors, moi je t'aime de la distance entre la France et la Chine, je renchérie.
- Moi, de la terre à la lune, ajoute Guillaume.
- Alors moi, de la terre à l'infini ! »

Guillaume, hésite, réfléchit et revient quelques minutes après avec cette réplique à laquelle je n'ai pas pu répondre : « Euh... moi aussi je t'aime, de la terre à l'infini... mais aller et retour ! »

Je termine ces remerciements en citant le meilleur conseil que m'ait donné ma grand-mère Paulette Bonsacquet : « N'oublie jamais de dire tous les jours à tes enfants que tu les aimes ».

Table des matières